指導から
評価まで
すべてが
分かる！

新学習
指導要領
対応

中学校美術
テッパン
題材モデル

第 **2・3** 学年

村 僚志 監修

武藤 眞樹 編著

造形教育研究会 著

明治図書

はじめに

　今回の学習指導要領改訂では，図画工作科で身に付けた資質・能力をもとに，中学校美術科における「知識・技能」「思考力・判断力・表現力等」「学びに向かう力・人間性等」の３つの資質・能力の観点から整理されました。その中では，表現活動や鑑賞活動を通じ，造形的な見方や考え方を働かせながら，子どもたちを取り巻く生活や社会にある様々な美術や美術文化と豊かに関わることが目指されました。

　ところで，ここで言う造形的な見方や考え方を実現するには，感性や想像力を働かせながら対象や事象を造形的な視点で捉え，自分なりの意味や価値をいかにつくり出すことができるかが実践上のねらいとされます。では，ここで言う「感性」とは，どのような力を言うのでしょうか。「感性」とは一般的に言って「感じる力」と，どちらかというと受け身の力として捉えられがちです。しかし，これまでの研究から，それは，五感を通じて自らにとって大切な情報を取捨選択し，かけがえのない自分らしさを創り上げていく「能力」であり，実は受け身ではなく，主体的，積極的で教育可能な力と言うことができます。また「感性」を働かせるプロセスで生きた「知性」が育成されるという意味で，「感性」とは子どもたちの「確かな知性を支える土台」であると言うこともできます。豊かな美術の学習は，混沌とした多様な価値観の中を自らの視点をもち，確かな足取りで生き抜くための原動力になると考えることができます。

　本シリーズは，新学習指導要領に準拠しつつ，実践研究を進めてきた愛知県造形教育研究会の実践研究の成果を中学版「テッパン題材」としてまとめたものです。定番の教科書題材をもとに等身大の中学生の現状に向かい合いながら，いかに造形的な見方や感じ方を育てていくことができるかについて，実践者の様々な工夫や手立てが生かされた実践集となりました。各項目には，授業の環境づくり，進め方，言葉かけのアドバイス，評価等の観点が具体的に示されました。また，本文中の「評価」に関しては，授業者のねらいに合うように自由に書き込める「評価シート」も掲載しましたので必要に応じてご活用ください。

　本題材集が，新学習指導要領を背景とした授業の実現に悩む先生方の参考になり，美術科の授業を着実に進めていく際のヒントになればこれに勝る喜びはありません。

　最後になりましたが，本書の企画段階から出版に至るまで，本当に粘り強く支えていただきました明治図書出版編集部の木村悠さまはじめ労をとっていただいた編集部の皆様に心より御礼を申し上げます。

2021年５月　　　　　　　　　　　　　　　　　　　　　　　　　　　　　　監修者

目 次

1章

新学習指導要領を
実現する！
授業づくりの
ポイント

学習指導要領解説

1 第2学年及び第3学年の目標について

　学年目標の構造は，第1学年と同じです。教科の目標を受け，生徒の発達の段階を考慮して，第1学年で学んだことをもとに，第2学年及び第3学年では，第1学年の内容に示す事項において身に付けた資質・能力を更に深めたり，柔軟に活用したりして，より豊かに高めるように構成されています。第1学年との違いを表すキーワードは，「追求」「深める」「創造的」「独創的」「主体的」などです。なお，第2学年と第3学年では，学校や生徒の学びの実態に応じて，より主体的，創造的な活動を創意工夫できるように学年の目標が示されています。

2 A 表現について

「A 表現」の内容は，（1）発想や構想に関する項目と（2）技能に関する項目の2つの項目に分けられました。また，（1）の項目は，「ア　感じ取ったことや考えたことなどを基に，……」「イ　伝える，使うなどの目的や機能を考え，……」の2つに整理されました。ここでのキーワードは，「社会」です。この時期の生徒は，人間としての生き方についての自覚が深まり，価値観が形成されていく中で，より社会と深く向き合うことができるようになります。アでは，第1学年と比べてより内面や心の世界，社会などを深く見つめることを重視しています。また，イでは，第1学年と比べて社会性を重視しています。イの（ア）では「用いる場面や環境，社会との関わり」，（イ）では「社会との関わり……伝達の効果と……」，（ウ）では「使用する者の立場，社会との関わり……」と示されています。いずれも社会と自己との関わりを見つめた上で，生徒の発達の段階に応じて題材を設定されることが求められています。

3 B 鑑賞について

「B 鑑賞」の内容は，1つの領域内で「ア　美術作品などの見方や感じ方を深める……」「イ　生活や社会の中の美術の働きや美術文化についての見方や感じ方を深める……」の2つに整理されました。「B 鑑賞」のキーワードは，「見方や感じ方を深める」です。第1学年では，「見方や感じ方を広げる」と示されていますが，第2学年及び第3学年では，第1学年で広げた見方や感じ方をもとにして，さらに見方や感じ方を深めることができる題材の設定が求められています。

4 内容の取扱いについて

　特に押さえておきたい項目は(2)の「美術科における言語活動の充実」についてです。言葉で考えを整理したりして，対象の見方や感じ方を深めるなどの言語活動の充実を図るように示されています。ここでは，言語活動を特に必要としていない場面で形式的に行ったり，〔共通事項〕に示す視点が十分でないままの単なる話し合い活動に終始したりすることのないよう，「何のために言語活動を行うのか」ということを明確することが求められています。(三浦　英生)

本書の題材モデルと学習指導要領との関連

　第1学年と第2学年及び3学年の目標には「主題を生み出し豊かに発想し構想を練る」とあります。その違いは，第2学年及び第3学年では，感じ取ったことや考えたことのみならず，観る人や使う人の視点や立場に立った目的や条件などをもとにして主題を生み出し，洗練された美しさや創造的な構成を独創的・総合的に考えながら，発想し構想を練ることにあります。

　生徒が授業において主題を生み出すためには，一人ひとりが表現したいことを心の中に思い描かせる手立てが必要となります。ただ中学生は，論理的に物事を考えたり，経験をもとに様々な判断をしたりするようになります。また，個性や自己の内面性に対する意識が深まってくる反面，他者を意識するあまり，表現することに抵抗感をもつ時期でもあります。

　しかし本来は，明確な主題が生まれ，表現するエネルギーが高まると，その表現にこだわり，自己の追求が強くなる時期だと思います。

　指導者は，こうした子どもたちの発達特性をふまえて，子どもたちには自分らしさに自信をもたせながら，明確な主題を生み出し，豊かに発想や構想ができるように指導することが必要です。

　中学校3年生の「❾私との対話～世界に1人しかいない私を表現しよう～」の実践では，指導者が，中学校3年生の子どもたちの実態を把握して教材化しています。

　中学校3年生は，自分を客観的に捉えられるようになる時期です。そして，進路も関わり，さらに自分自身を見つめたり，将来への夢や生き方を思い描いたりします。一方，大きな不安が生まれる時期でもあります。この実践は，子どもたちの心にある二面性にしっかりと向き合わせているからこそ粘り強く表現に向かうことができています。

　本実践には指導者のねらいをはっきり記載しています。例えば，目標には「単純化や強調など創造的な構成を工夫し，表現の構想を練ることができる」とありました。既習の表現方法を工夫しながら表現するだけでなく，単純化や強調を意図して表現させることで，子どもたちの内面をさらに強く表現できるようにさせようとしています。

　また，指導過程において中間鑑賞会が設定されています。自分の内面を見せることに抵抗感をもつ中学生に，あえて作品鑑賞させることに意味があり，指導者自身が学級集団を十分理解しているからこそできる支援であると感じました。鑑賞会で「あの赤色の表現は，○○さんの気持ちを表しているんだ」と赤色の表現にこだわりをもつ仲間の表現に触れ，自分の色に対する見方を変えていく子どもの姿が予想できます。また，「○○さんは自分と同じ気持ちなんだ」と表現から仲間の主題に込めた思いを感じ取る姿も予想できます。そして，中間鑑賞会を経て，さらに自分の表現の追求に向かう子どもの姿が予想できます。

　指導された先生のメッセージには，「内面を表現する活動では『プラスの面だけでなくマイナスの面も自分特有のものである。また，15歳の自分も今しかいない。今の不安や希望，好きなことも自分をつくっているもの』と目を向けさせました。」とありました。美術の授業は何を学ぶのかの答えが，この実践に書かれています。

中学校３年間の美術のまとめポイント

　中学校の美術科は，様々な生活経験と小学校図画工作科における学習経験を土台に，そこで育まれた感性や表現及び鑑賞の基礎的な能力発揮しながら活動に向かう教科です。さらに，中学校３年間の美術科に関する資質や能力の向上をさせながら，生涯に関わる人間形成をしていくことをねらいにしている教科でもあります。

　中学生の３年間は，心や体が大きく変化します。それに伴う見方や考え方，感じ方も変化していく時期です。例えば，１年生のときには気付かなかったり感じ取れなかったりしたよさや美しさなどが，３年生になると感じ取れるようになり，自分の中に新しい意味や価値をつくり出すこともあります。

　授業では，３年間を見通し，それぞれの発達の段階に感じ取れることや考えることを大切にしながら，表現や鑑賞の活動を通して豊かに感じ取る力を育んでいくことが大切になります。すべての子どもが，中学校卒業後も美術に関わるわけではありません。この中学校の３年間での学びが，生涯にわたって生活の中にある美術と豊かに関わり，自らの生活を豊かにしながら，自分の世界を広げていくことにつながっていきます。

　多くの中学校では今，１人の教員によって美術の授業が運営されている現状があります。これは，その教員の得意分野等が授業内容として展開され，内容が深まる点はよいのですが，その内容や領域が偏ってしまうことも考えられます。偏った領域の指導により，本来，美術科は，生徒に表現することの喜びを味わわせる教科であったはずが，逆に味わうことなく成長してしまうことになります。そのことで，将来よさや美しさ感じ取りながら心豊かに生きていくことを妨げてしまうのなら，中学校の美術教育は意味のないものになってしまいます。

　そうならないためにも，３年間を見通したカリキュラム，特に系統性を考慮したカリキュラムを作成するとよいのではないでしょうか。例えば，①美術の基礎的な能力となる分野（素描・配色・構成等），②内面的なものを表現する分野（絵画・版画・彫塑等），③機能的・応用的分野（視覚デザイン・工芸等），④鑑賞分野などを３年間でどのように位置付けていくとよいか検討することもできるでしょう。１年生では基礎的な分野や鑑賞分野に重点を置き，子どもが苦手とするイメージの膨らませ方などを指導してもよいでしょう。２年生では１年生で学習した基礎表現力を発揮するため，より内面の表現や機能的・応用的分野を発展していくとよいのではないでしょうか。さらに３年生では，内面的分野と機能的・応用的分野が統合された内容にも発展させていくとよいのではないでしょうか。そして，そのカリキュラムをどのような教材によって表現させるかを考えていくことも大切なことです。

　今回，あくまでも例として，１年生と３年生の指導計画を示します。１年生で行った制作とのつながりを考えながら指導計画を立てることで，生徒の学びは深まると思います。また，偏った題材等を行うことを避けることもできるでしょう。

第1学年　年間指導計画（45時間）

学期	時数	分野・領域	題材
1学期	1	オリエンテーション	○タブレット端末等を活用し，学校内の美しいと感じる場所を撮影する。 ○美術科の1年間の計画や内容を理解する。
	5	絵や彫刻など [かく活動]	○学校内のお気に入りの場所等を風景画として制作する。 ○水彩技法の基礎基本を学ぶ。
	1	絵や彫刻など [鑑賞]	○風景画をテーマに，名画の鑑賞を行う。
	5	デザインや工芸など [かく活動]	○日本の伝統的な図柄を工夫して，シルクスクリーン版画で風呂敷づくりに取り組む。
2学期	6	絵や彫刻など [つくる活動]	○体育大会の聖火台を制作する。 ○体育大会のテーマを色や形で工夫する。
	4	デザインや工芸など [かく活動]	○自分のシンボルマークを形や色を工夫して表現する。
	2	鑑賞	○地域の美術館で作品鑑賞し，作品を1点選び，その作品の作者について調べ発表する。
	4	デザインや工芸など [かく活動]	○自分だけの美術展を開催する。 ○タブレット端末を活用し美術展に展示する作品を編集する。
	5	デザインや工芸など [つくる活動]	○文化祭の招待カードをつくる。 ○受け取った人が参加したくなるようなデザインやしかけを工夫して表現する。
	3	絵や彫刻など [かく活動]	○抽象表現の作品に触れながら，モダンテクニックを活用した制作を行う。
3学期	8	デザインや工芸など [つくる活動]	○寄木細工の作品づくりに取り組む。
	1	絵や彫刻など [鑑賞]	○1人の作家の時代ごとの作品を鑑賞する。 ○どんな気持ちで表現したのかを想像して話し合い，作品の見方や感じ方を広げる。

第3学年　年間指導計画（35時間）

学期	時数	分野・領域	題材
1学期	8	絵や彫刻など [つくる活動]	○自分のこれからを見つめながら，自分を表す形を考える。 ○材料については，木材や石，金属など若干困難性のあるものを選択してもよい。
	3	デザインや工芸など [かく活動]	○交流学校に学校のよさを伝える方法を考える。写真や映像などを活用した制作に広げてもよい。
	1	絵や彫刻など [鑑賞]	○様々な作家の自画像を鑑賞する。 ○3学期に行う最後の制作につなげていく。
2学期	6	絵や彫刻など [かく活動]	○生活しやすい学校にするために，学校環境をよくするための工夫をする。階段や踊り場，昇降口を明るくする絵を工夫する。
	6	デザインや工芸など [つくる活動]	○生活に役に立つデザインを考える。チームによる活動としてもよい。 ○隣接する介護施設を訪問し，どんなものがあるとよいか検討する。 ○模型づくりやアイデアスケッチ等でプレゼンテーションを行う。
	2	鑑賞	○世界遺産などの建築物を鑑賞し，伝統美や伝統技法についての見方を広げる。
3学期	5	デザインや工芸など [つくる活動]	○自分の住む町に目を向け，住みよい町づくりにつながるデザインを提案する。
	4	絵や彫刻など [かく活動]	○中学3年間の自分の生活を振り返りながら，風景を題材に自分を表現する。表現技法については，3年間の集大成として，様々な表現を活用させてもよい。

　各学校が学習指導要領に即しながら，生徒の実態等をつかみ計画を立てることで，美術科の学びを通して，生徒たちをどのように育み，豊かな人間形成をしていくのかを明確にしていくことができるのではないでしょうか。

（安藤　眞樹）

評価シート

題材名：

評価項目	評価場面	評価規準	評価
知識・技能			
思考・判断・表現			
主体的に学習に取り組む態度			

【備考】

評価シート

題材名：

年　　組　　番　氏名

評価項目	評価場面	評価規準	評価
知識・技能			
思考・判断・表現			
主体的に学習に取り組む態度			

【備考】

2章

指導から評価まで
すべてが分かる！
領域別題材モデル
32

1 オリジナルの枕草子 ～日本の季節の風情を感じて～

📖 題材の紹介

　本題材では，国語科で学習した「枕草子」に関連づけた下図のような絵画作品を制作する。生徒は，枕草子の学習を通して，書き手の考えと季節ごとの日本の風情を結びつけながら情景を想像することを学習した。そこで，自分が感じる季節ごとのよさや美しさなどの風情を「オリジナルの枕草子」として表現し，国語科と関連を図った。短文から情景をイメージして絵画で表現することで，感性や想像力を働かせながら自己の内面的な世界観を想像するとともに，論理的かつ知的な作品を制作することができる題材。

🕐 時間：17 時間完了

1 目　標

・日本の伝統文様や，伝統色がもつ性質や感情にもたらす効果などについて実感をもって捉え，それらを効果的に用いて表現することができる。　　　　　　　　　　（知識及び技能）
・全体や部分のバランスを考え，画面構成を考える上で作品の中心となるものを整理したり，省略したりして，表したいものをより強調することができる。（思考力，判断力，表現力等）
・多様な視点で自分の表現を捉え直し，自分の表現において何が大切なのかを整理するなど，他者にも分かりやすく美しいと感じる表現を意識したり，課題意識をもったりして創造活動に取り組んでいる。　　　　　　　　　　　　　　　　（学びに向かう力，人間性等）

2 準備物等

教師：枕草子の本文（現代語訳付き），日本の伝統文様に関する資料（インターネットでの閲覧も含む。主に参考にしたHP：日本の伝統文様の画像コレクション100枚のホームページ http://www.sda.nagoya-cu.ac.jp/sa08m13/images/top.html），日本の伝統色の色見本や資料（インターネットでの閲覧も含む。主に参考にしたHP：日本人の美の心！日本の色【伝統色のいろは】https://irocore.com/），参考作品，Ａ４判のワークシート，実物投影機
生徒：自分の作品に生かせそうな資料（写真・参考書・図鑑など）

3 評価シート　オリジナルの枕草子

評価項目	評価場面	評価規準	評価
知識・技能	②③	日本の伝統文様や，伝統色がもつ性質や感情にもたらす効果などについて実感をもって捉え，それらを効果的に用いて表現することができる。	
思考・判断・表現	④	全体や部分のバランスを考え，画面構成を考える上で作品の中心となるものを整理したり，省略したりして，表したいものをより強調することができる。	
主体的に学習に取り組む態度	⑥	多様な視点で自分の表現を捉え直し，自分の表現において何が大切なのかを整理するなど，他者にも分かりやすく美しいと感じる表現を意識したり，課題意識をもったりして創造活動に取り組もうとしている。	

✏ 授業づくりのアドバイス

　本題材は，国語科で学習した枕草子に関連づけて，作品を制作します。生徒は，自分で考えたオリジナルの枕草子の短文をもとにして，自分が風情と感じる情景を絵画と短文で表現します。小学校では，物語文の場面を切り取って，絵画で表現することが多くあります。しかし，中学校になると，そのような機会はほとんどなくなります。国語科で学んだことを，美術科でも生かして関連づけたいと考え，本題材を考えました。枕草子を学習した生徒に，おすすめの題材です。指導で特に強調したいことは，以下の２点です。

・絵巻物と同じように右から左へと流れるようにし，季節を２つに絞ることで，全体や部分のバランスを考えやすくなり，画面構成を考える上で作品の中心となるものを整理したり，省略したりして，表したいものをより強調することに注力させたい。

・発想の段階で，伝統文様についてインターネットで調べて模写したり，伝統色の色見本を見ながら混色の練習をしたりすることで，それらがもつ性質や感情にもたらす効果などについて実感をもって捉えさせたい。

　制作が始まると，生徒は自分の思い描く情景を独自の表現でつくりあげ，和のイメージの世界に没頭する姿がありました。また，作品を発表し，鑑賞し合う場面では，どの生徒も自分の作品の制作意図を述べる姿が輝いていました。ぜひ，実践してみてください。

4 指導過程

①サムネイルスケッチをかこう（発想）

・枕草子の文章を改めて読み返してみると，それぞれの季節の特徴を美しく表現しているな

・風情と感じる季節のキーワードを考えると，日本の四季の豊かさを実感できるな

・自分が考える枕草子だから，現代っぽい要素も入れてみるとおもしろいかも

・自分で考えた短文から想像するのは難しいけど，やりがいがあるな

②日本の伝統文様について学ぼう
（表現・鑑賞）

・季節ごとに，いろいろな文様があっておもしろいな

・今までどこかで見たことのある文様の，名前や意味が分かるとおもしろいな

・伝統文様を使えば，季節感を形で表現できそうだな

③日本の伝統文様を混色しよう（表現）

・日本の伝統文様には，植物の名前が付いたものが多いから，昔の人は自然から季節を感じ取っていたんだな

・淡い色や渋い色が多いから，伝統色を使えば，色彩で和のイメージを表現することができそうだな

④アイデアスケッチをかこう（構想）

・前に調べて模写した伝統文様を使って，和の雰囲気を出せるようにしよう

・伝統文様をかけば，一気に和のイメージになったぞ

・伝統色で塗ったら，渋い色合いが表現できて，季節感が増したな

➡ 指導ポイント①

・「枕草子」で学習した，書き手の考えと季節ごとの日本の風情を結びつけながら情景を想像したことを振り返る

・自分の感じる季節ごとの風情についてキーワードをピックアップし，それをもとにしてオリジナルの枕草子を作文する

・風情だと感じるキーワードは，グループで共有して発想を広げる

・オリジナルの枕草子の短文から，イメージする情景のサムネイルスケッチをかく

➡ 指導ポイント②

・インターネットを使って，日本の伝統文様を調べて模写する

・自分の表現に取り入れられそうなイメージを探し，それらを模写したり，文様の名前や意味，由来などを学習したりする

日本の伝統文様

➡ 指導ポイント③

・日本の伝統色について，色見本を見ながら混色の練習をする

・混色の練習を通して，伝統色のもつ淡い色合いや，伝統色の名前や由来などから自然に親しむ日本人の感性や，情緒豊かな季節感などの美意識に気付く

⑤アドバイス活動をしよう（鑑賞）

- 自分の中では満足していたけれど，他の人に指摘を受けたら，確かにそうかもと思えるな
- グループの仲間のアイデアスケッチの伝統文様の表現が，とてもよかったから，私もまねしてみたいな
- アドバイスをもらうと，違う視点から作品を見ることができるな

⑥課題を明確にして制作しよう（構想）

- アイデアスケッチでは，失敗してしまった部分があったから，本制作では丁寧にこだわってかこう
- アドバイス活動で，指摘してもらった部分を中心に直して，見る人にもっと伝わるように表現を工夫してみよう
- 自分のめあてを意識して制作に取り組めば，アイデアスケッチより，よくなりそうだ

⑦仲間の作品を鑑賞しよう（鑑賞）

- みんなの作品を見ると，どれも素敵なものばかりで，季節感が伝わってくる
- それぞれの短文にも工夫があって，季節の風情が分かりやすく表現されているな

＜完成作品例＞

→ 指導ポイント④

- 前時までに学習した伝統文様や伝統色を自分の表現に効果的に取り入れたり，自分の表現に必要な資料を集めて参考にしたりしながらアイデアスケッチ2をかく
- 日本の伝統文様や伝統色がもつ性質や感情にもたらす効果などについて実感をもって捉えることで，形や色彩などから季節を感じる表現を意識する

→ 指導ポイント⑤

- 自分の作品を客観的な視点で捉えたり，1人では考えつかない新たな見方や考え方に気付いたりする
- 自分1人の考え方や好みに留まらず，仲間の考えを取り入れたり，多様な視点で自分の表現を捉え直して新たな課題を見つけたりする

→ 指導ポイント⑥

- アドバイス活動をふまえて，本制作に向けた課題を洗い出す
- 着彩の前には，グループで制作手順や表現方法などの制作の見通しを伝え合うことで，表現のイメージをもって制作に取り組む
- 制作の見通しを具体的に伝え合うことで，よりよい制作手順や表現方法に修正する

→ 指導ポイント⑦

- プロジェクターや，テレビモニターなどに大きく投影して発表を行うようにするとよい

（三浦　英生）

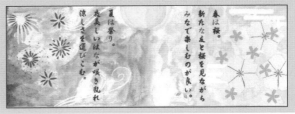

2 立版古

📖 題材の紹介

「立版古」という江戸時代末期から明治時代にかけて流行した組み立ての遊び絵を応用し，有名な絵画を立体の構造で捉えて模写をする学習である。絵を近景・中景・遠景の構造で捉えて，それぞれの景色を細部まで見つめながら，作品の主題まで迫ることを目的とする題材。

🕐 時間：14 時間完了

1 目標

・明度や彩度を工夫しながら混色を行い，自分がつくりたい色をつくることができる。

（知識及び技能）

・近景・中景・遠景から作品の魅力を考えて，表現を工夫することができる。

（思考力，判断力，表現力等）

・近景・中景・遠景にある魅力から美術作品のよさを感じ取り，主体的に作品に制作に取り組んでいる。 （学びに向かう力，人間性等）

2 準備物等

教師：原画の印刷物（Ａ４），3mm 厚のパネル５枚（Ａ４），カーボン紙，カッターマット，木枠（パネルを差し込む溝が５本有るもの），アートナイフ，ワークシート

生徒：絵の具セット（水彩・ポスターカラー），ペン類，接着剤

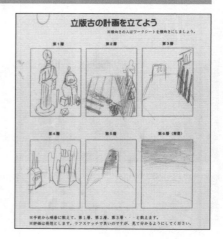

ワークシート

3 評価シート 立版古

評価項目	評価場面	評価規準	評価
知識・技能	⑤	転写した線に沿って，正しい向きでナイフの刃を当て，引く動きで切ることができる。	
	⑦	明度や彩度を工夫しながら混色を行い，自分がつくりたい色をつくることができる。	
思考・判断・表現	③	近景・中景・遠景の魅力的な部分を考えて，作品を選ぶことができる。	
	⑥	作品から魅力的な景色の部分を捉えて，それを主題にした構造をつくることができる。	
主体的に学習に取り組む態度	⑥⑨	近景・中景・遠景にある魅力から美術作品のよさを感じ取り，主体的に作品に制作に取り組もうとしている。	

✏ 授業づくりのアドバイス

　この題材は，絵を近景・中景・遠景に構造化して，一つひとつの部分をじっくり見つめる過程がとても重要です。おそらく美術にゆかりがない限り，時間をかけて作品を見るような経験はないに等しいでしょう。しかし，そのような生徒にこそ，本題材は適していると考えます。時間をかけて作品に目を凝らしていくうちに，その作品の主題に気付き，作品の価値を自分で発見することができます。他人から「すごい」「美しい」と言われた作品は確かによいのでしょうが，自分自身で味わいその価値を発見した作品は，忘れようのない作品になります。それは生徒一人ひとりの人生にとっても，とても大きな出来事になるでしょう。心が揺れ動く中学２年生という時期に，美術作品を通してそのような心震えるような経験をしてほしいと思い本題材を考案しました。

　また，同じ作品であっても生徒一人ひとりの見方の違いによって，立版古の構造が変化するのがおもしろいところです。④の段階で同じ作品を選んだグループでイメージスケッチを見せ合ったところ，「友人の作品の見方に驚いた」という意見が多くありました。その見方を参考に取り入れる生徒もいましたが，「私の見方はこれでよい」という生徒もおり，核心を得るような作品鑑賞ができるよう，鑑賞にはしっかり時間を取るようにしましょう。

　本題材の制作には時間がかかりますが，作品の見方を深めるにはよい題材です。この題材を通して，美術作品への深い理解を促していただきたいです。

4 指導過程

①立版古ってなんだろう？ミニ立版古をつくってみよう！（立版古の仕組みを知る）

・絵が立体的になると，教科書の作品が浮き出て見えてくる

・ムンクの叫びは背景に船があったり，空がうねうねしているのだな

・立版古にしてみるとよく分かる

②ムンクの「叫び」を鑑賞して，立版古の作品を選ぶときの大切なポイントを考えよう（作品選びの視点をもつ）

・作者が表現したかったことを調べると，より作品の見方が深まるな

・友人の視点には自分の考えとは違う魅力があるから，作品をしっかり見ることは大切だと思う

・自分がつくり込みたいところを考えて，選ぶのが大切だと思う

③パソコンを使って作品を細かいところまで見つめながら，立版古にぴったりな作品を選ぼう（構想）

・作品をプリントアウトしたら細かいところまでよく見えるぞ

・手前の人物ばかり目がいってしまうが，背景がこんなに細かくかかれているのは驚きだ

・この作品の中景が魅力的だから，私はこの作品にしよう

④近景・中景・遠景から作品の魅力を見つけて，6つの層に分けよう（構想）

・この作品は近景の人物が魅力的だから，近景の人物を層で分けて浮き出たせることで，目立たせることができるぞ

→ **指導ポイント①**

仕組みを知る

・短時間で制作できるミニ立版古を制作することで，立版古の仕組みを理解する

・ムンクの「叫び」をモチーフにして立版古をつくり，色鉛筆で着色する

→ **指導ポイント②**

・ムンクの「叫び」の鑑賞を通して，近景・中景・遠景から作品の魅力を考える

・ムンクの「叫び」を立版古にするなら，どこをつくり込みたいか考える

・立版古にする作品を選ぶときの大切なポイントを考えて発表する

→ **指導ポイント③**

・パソコンを使った拡大表示などによって，作品を細部まで見つめる

・作品をＡ4サイズでプリントアウトして，立版古制作の原画にする

・作品や作者，作風についてもワークシートにまとめる

→ **指導ポイント④**

・グループでお互いの選んだ作品の魅力について考える場を設定する

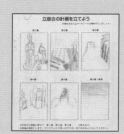
6つの層に分ける

・作者は作品の背景に意味をもたせているから，遠景をつくり込むことで作者の意図が表現できそうだ

⑤作品の層を切り分けよう（表現）

・カーボン紙を使って原画をそれぞれの層に転写すると，ずれがなくてきれいにかけるな

・アートナイフを使うと，細部まで切り分けることができるな

⑥切り分けた層を立版古の枠にはめ込んでみよう（表現）

・絵が立体的になって迫力が出たぞ

・作品の主題を考えて，おもしろい層をつくり込むことができた

・層がうまくいったから，着色にもやる気が湧いてきたぞ

⑦作家のかき方をよく観察して着色をしよう（表現）

・印象派は点描でかいていくとよさそうだ

・パレットの大部屋で混色を繰り返していくと，自分がつくりたい色をつくることができるぞ

⑧立版古を完成させよう（表現）

・がんばって着色をしてきたパネルをはめ込むと達成感があるな

・着色をすることで近景・中景・遠景の関係がはっきりしたぞ

⑨作品を鑑賞しよう（鑑賞）

・同じ作品がいくつかあるけど，あの人の作品とこの人の作品とは近景・中景・遠景のつくり込み方が全然違うな

・人の見方によっても作品の魅力を感じている場所は違うんだ

・作品の魅力を考えながら，絵を6つの層に分けてイメージスケッチをする

→ 指導ポイント⑤

・プリントアウトした原画を固定して，カーボン紙を使って転写する

転写をする

・アートナイフを使って，切り分ける段取りに注意をして細かい部分までカットできるようにする

→ 指導ポイント⑥

・着色の前に切り分けたパネルを枠にはめ込むことで，次の着色に見通しをもつ

枠にはめ込む

・友人の作品を見て，立版古にした構造のよさを伝え合う

→ 指導ポイント⑦

・前時までに調べた作者の作風を意識してかく

混色の工夫

・パレットの大部屋を使い混色をして，制作中パレットはなるべく洗わずにつくった色を残す

→ 指導ポイント⑧

・着色をしたパネルを枠にはめ込んでいくことで着色が生み出す作品への効果を感じる

→ 指導ポイント⑨

・鑑賞の視点を近景・中景・遠景に分けることで，友人が感じた作品の魅力がどこにあるのか考える

（白井　圭）

3 そうだ！造パラ*へ行こう
～造パラ60周年ポスターを制作しよう～

※「子ども造形パラダイス」（豊橋市で1958年から続いている造形展のこと）

📖 題材の紹介

ポスター制作を順序立てて行っていくことで，自分の伝えたい思いを表現する力を養い，資料を収集したり友人と意見交換したりしながらアイデアを練っていく楽しさを味わうことができる。

また，地元に根づいたイベントとタイアップすることで，自分なりの思いをもって制作を進めることができる題材。

🕐 時間：10時間完了

1 目標

・テーマを理解し表現方法を追求し，材料や用具の特性を生かし，既習内容を使いながら創造的に表すことができる。
（知識及び技能）

・多くの人に，分かりやすく伝えられるように発想し，形や色彩の効果を生かして構想を練ることができる。造形的なよさや美しさを感じ取り作者の伝えたいことや表現の意図と創造的な工夫などについて考えるなどして美意識を高め，見方や感じ方を深めることができる。
（思考力，判断力，表現力等）

・作品を通して，他者の思いを表現の工夫から感じ取り，見方を深めることができる。ポスター制作に関心をもち，創造活動の喜びを味わう中で，今後の豊かな生活を創造していこうとする。
（学びに向かう力，人間性等）

2 準備物等

教師：配色カード，方眼入り八つ切ケント紙，ワークシート（下図A，B）
生徒：デザインセット（ポスターカラー又はアクリルガッシュ），平筆の大小と面相筆，布巾類（絵の具を筆で溶くときの水加減を調節するため），ポケットティシュ（画面に塗り過ぎた絵の具を吸い取るため）

ワークシートA

ワークシートB

3 評価シート　そうだ！造パラへ行こう

評価項目	評価場面	評価規準	評価
知識・技能	③④⑧⑨	テーマを理解し表現方法を追求し，材料や用具の特性を生かし，既習内容を使いながら創造的に表すことができる。	
思考・判断・表現	⑥⑦	多くの人に，分かりやすく伝えられるように発想し，形や色彩の効果を生かして構想を練ることができる。 造形的なよさや美しさを感じ取り作者の伝えたいことや表現の意図と創造的な工夫などについて考えるなどして美意識を高め，見方や感じ方を深めることができる。	
主体的に学習に取り組む態度	⑩	作品を通して他者の思いを表現の工夫から感じ取り，見方を深めようとしている。 ポスター制作に関心をもち，意欲的に取り組み創造活動の喜びを味わい，今後の豊かな生活を創造していこうとする。	

✒ 授業づくりのアドバイス

　ポスター制作は，画用紙にかく前段階のテーマ設定からアイデアスケッチが重要です。本実践では，何を伝えたいのか，伝えるためにはどのように表現すればよいのか生徒に自問自答させながら，テーマについて深める時間を十分に確保しました。自分の伝えたいことをまとめ，時間をかけてアイデアスケッチをかいたことで，生徒が納得のいく作品が多く仕上がりました。しかし，アイデアスケッチにかける時間が多いと，作品の質は上がりますが，完成させるまでの授業時間数が多くなってしまいます。このことから，アイデアを練る時間を短く，かつ内容は濃密なものにする必要性を感じました。効率よく授業を進めるために，生徒が主体的に考える場面と教師が指導する場面のバランスを精査することが重要です。

　ポスター制作は，長期休業のときの課題として取り組むこともあります。そのためにも，生徒が困らず，満足できる作品制作ができるように，制作におけるポイントをよく理解できるような支援の工夫を行いましょう。

　今回のポスター制作は，見る人に感動を与え，生徒自身も満足する取り組みとなりました。今後は，さらに身の周りにあるポスターや視覚伝達デザインに目を向け，自分なりの価値観を見出していけるような授業を行っていきたいです。そのことが，生涯にわたって，美術に関われる生徒の育成につながると考えています。

4 指導過程

①本題材「造パラ60周年記念 PR ポスターをかこう」の学習の流れを知ろう（導入）

・僕たちが選ばれたんだね

・多くの人に見てもらえるね

・歴史ある造パラの役に立ちたいね

②ポスターを鑑賞し，視覚伝達デザインのよさを知ろう（鑑賞）

・人間だけじゃなく，小さな蝶も死んでしまうということが表されているね

・いろんな見方や考え方ができるね

ヒロシマ・アピールズ1983
「燃え落ちる蝶」亀倉雄策

③造パラのイメージをまとめよう（イメージづくり）

・60年も続いているのはすごいな

・小学校のときの作品づくりは楽しかったね

④イメージマップをつくろう（イメージを広める）

・「つながる」から広げたよ

⑤効果的な構図について考えよう（構想）

○分かりやすくしたい

・シンプル

・伝えたい内容を大きく

○考えさせたいね

・たくさんのモチーフ

・直接分かるものでなくてもいい

→ **指導ポイント①**

・導入時に「造パラ60周年記念を PR するポスターをかいてほしいという依頼があった」ことを伝え，制作意欲を高める

→ **指導ポイント②**

・ポスターにはメッセージ性があることに気付かせるために，教科書のヒロシマ・アピールズのポスターを鑑賞し，メッセージ性の工夫について考えさせたい

・生徒に気付きを整理させるためにワークシート A（p22）を活用する。その後，対話的学びの場としてグループ内で発表し合う。友人の考えを聞くことで，見方や考え方，感じ方が広がっていく

→ **指導ポイント③**

・イメージをまとめるために，過去の造パラの写真を見て思い出を発表させるとよい

・造パラの立ち上げに携わった方からの思いに触れさせるなど，発想を膨らませるための環境を整えるとよい

→ **指導ポイント④**

・イメージマップをつくる際には，③でまとめたイメージを簡単なキーワードとして，60回展の中心テーマである「つながれ」を中心に言語化していくことでイメージマップがつくりやすくなる

→ **指導ポイント⑤**

・過去の作品や会場の様子をモチーフとする作品が多くなると予想されるので，再びヒロシマ・アピールズを例にして，構図や配置の違いにどのような効果があるか考えさせるとよい

⑥アイデアを練ろう（構想）

・造パラの昔と今を表したいな

・公園に飾られている様子を表現したいな

・人間をどうかけばいいかな

⑦話し合いをヒントにさらにアイデアをねろう（中間鑑賞，構想）

・作品を多くしたほうが造パラらしいな

・人をかいたほうがにぎやかに見えるね

・楽しさは色でも表現できるね

・手をつないだ様子がかけないな

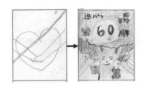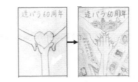

⑧デザインを決めて，下がきを進めよう

（表現）

・友人がアドバイスしてくれたように，かいてみよう

・手がうまくかけないから，一度写真に撮ってみよう

・文字はバランスを考えて配置しよう

⑨様々な技法を活用して，彩色しよう

（表現）

・色が変化していくためにグラデーションを使ってみよう

・スパッタリングを使って形を浮き上がらせてみるね

・塗り方で筆を変えるといいね

・背景はこの色でいいかな

⑩造パラの日に，選んだ数枚のポスターを飾り，多くの人に見てもらおう

➡指導ポイント⑥

・なかなかかけない場合は，イメージマップやワークシートを一緒に振り返りながら思いを引き出しモチーフを決定していくとよい

➡指導ポイント⑦

・友人のアイデアスケッチを見ながら意見交換する場を設定することで，アイデアが広がる

・話し合いの効率を上げるために，3観点（①造パラのテーマ「つながれ」があるか，②モチーフ，配置，大きさ，数は適当か③もっと斬新な感じにするには）に絞り，話し合うとよい

➡指導ポイント⑧

・方眼入りのケント紙を使うと配置が分かりやすくなる。

・絵のデザインに集中させるために，文字は事前に「造パラ60周年」と決め，6パターンのコピーから選んで転写する

・具体物は積極的に図鑑を参考にするとよい。絵が苦手な生徒には，形が省略されているイラスト辞典を参考にするとよい

➡指導ポイント⑨

・平塗りと色彩の基礎を確認する。平塗りをする際の適当な水の量，塗り進め方，混色などを徹底するために，ポイントを板書して，確認しながら制作できるようにする

・モダンテクニックを活用し，視覚的に工夫させるとよい

➡指導ポイント⑩

・3観点で鑑賞させることで，題材の目標に合った評価となる

（田中 亜希子）

4 日本の美しさを世界へ‼思いを届ける私たちの浮世絵
～一版多色刷り木版画～

📖 題材の紹介

中学生は，これまでに浮世絵の作品を目にした経験もある。しかし，その芸術的価値や作品の魅力を感じている生徒は多くない。

日本の伝統的な芸術の美しさに気付き，友人とともに話し合う活動を通して発想を広げながら，一版多色版画の制作に取り組ませる。生徒は，自分たちの作品を，外国の人々にそのよさを伝えたいと，思いをもって表現できる題材。

🕐 時間：13 時間完了

1 目　標

・浮世絵や一版多色刷り木版の特性について知り，水加減や色の刷り具合を工夫しながら，日本の美しさを表現することができる。　　　　　　　　　　　　　　　　（知識及び技能）

・浮世絵の構図や配色について仲間とともに話し合い，気付いたことをもとに構図や配色を工夫することができる。　　　　　　　　　　　　　　　（思考力，判断力，表現力等）

・日本の美しさに気付き，外国人にそのよさを伝えたいと思いをもって制作に取り組むことができる。　　　　　　　　　　　　　　　　　　　　（学びに向かう力，人間性等）

2 準備物等

教師：ワークシート，下がきを版木に写すカーボン紙，木版用のＡ４の板，Ａ４の黒画用紙（刷り具合を練習するため１人２枚ほど），比較して提示する作品（拡大して前に提示用，班隊形での話し合い用），歌川広重「名所江戸百景亀戸梅屋敷」とゴッホ「日本趣味　梅の花」，西洋の絵画としてダヴィッド「ナポレオン一世の戴冠式と皇妃

ジョゼフィーヌの戴冠式」，構図について班で話し合うためのマグネットシートとホワイトボード（Ｂ４，様々な大きさの円やはみ出た部分を隠す枠などをつくるとよい）

生徒：絵の具（アクリルガッシュ，不透明水彩）

③ 評価シート　日本の美しさを世界へ‼思いを届ける私たちの浮世絵

評価項目	評価場面	評価規準	評価
知識・技能	⑦	彫刻刀を使い分け，線に強弱を付けて丁寧に彫ることができる。	
	⑨	水加減や刷り方を工夫して，発色よく丁寧に刷ることができる。	
思考・判断・表現	⑤	浮世絵の「大胆な構図」を意識し，工夫して表現することができる。	
	⑧	浮世絵の「鮮やかな色面」を意識し，工夫して表現することができる。	
主体的に学習に取り組む態度	①	日本の美しさに気付き，外国人にそのよさを伝えたいと思いをもって制作に取り組もうとしている。	

✐ 授業づくりのアドバイス

　日本の伝統的な芸術について生徒はあまり知らず，そのよさを認められていないという状況にショックを覚え，この題材を考えました。誰もが簡単に世界中の芸術の美しさを知り，発信できる今こそ，生徒に日本の伝統的な芸術の美しさに気付いてほしい，そして将来，外国人にそのよさを伝えられるようになってほしいと強く願っています。

　ジャポニスムの作品の鑑賞とも関連づけられ，浮世絵の手法と似た一版多色刷り木版で制作を体感でき，幅広く学ぶことができるためおすすめの題材です。

　指導で特に強調したいところは以下の３点です。

・導入時に「日本ってすごい！」と生徒に思わせることが大切です。日本の浮世絵に外国の画家がいかに影響を受けているかを伝えるために，参考作品やエピソードを準備しておきましょう。

・浮世絵の捉え方を「大胆な構図」と「鮮やかな色面」の２点に絞ることで，より浮世絵の魅力が生徒に伝わります。分かりやすく伝えることを意識しましょう。

・話し合い活動を多く取り入れ，生徒の気付きを大切にして授業を進めてください。

4 指導過程

①ジャポニスムとはなんだろう
（鑑賞・作品制作への思いをもつ）

・西洋の絵画と日本の浮世絵を比べると，違いやよさがわかるね

・日本の芸術はすごい！　もっと知りたいな

②日本の伝統的な美しさとはなんだろう
（マッピングを使いアイデア出し）

・桜，椿，松竹梅……植物の絵が多いね

・1人では思いつかなくても，班や学級で話し合うとアイデアが広がるね

③外国人に伝えたい日本の伝統的な美しいものはなんだろう（かきたいモチーフを選ぶ）

・家族で花見したし桜がきれいだったな

・日本のおもてなしの心を伝えたいから，生け花と抹茶，和菓子にしよう

④浮世絵をもとに，構図について考えよう
（鑑賞・構想）

・日本の浮世絵は大胆な構図を評価されていたね。大胆な構図ってなんだろう

・梅の木がアップでかかれていて，迫力があるよ。梅以外は小さくかかれているよ

・モチーフに大小をつけてかくよ

⑤モチーフをどう配置するか，考えよう
（構想：班でマグネットを使って配置を考える・作品に互いにアドバイスする）

・大きな円と小さな円を配置する班が多いね。その中でも大きさの差を極端にすると大胆で印象に残る感じがするな

・画面からはみ出ると迫力が出るよ

・モチーフを重ねたり，手前と奥で大きさに変化をつけたりすると奥行きができて目を引くね

➡ 指導ポイント①

・広重の作品とそれを模倣したゴッホの作品を比較し，次に浮世絵と当時の西洋の作品を比較して鑑賞する

・日本の作品に影響を受けたモネやゴーギャンの作品も一緒に見せるとよい

➡ 指導ポイント②③

・事前に宿題で調べさせておいたり，日本の伝統的な芸術についての資料を集めて参考にさせたりするとより発想が広がりやすい

・自分が今までに経験したことを具体的に考えさせると，思いをもちやすい

・後で配置を考えやすいよう，モチーフは3つ選ぶというルールを決める

・一番メインに伝えたいものもこのときに考えさせておくと，後に大きくするモチーフを決めやすい

➡ 指導ポイント④⑤

・広重の浮世絵を「大胆な構図」という言葉から読み取り，制作に取り入れさせる

・「大胆」という言葉を「目を引く」「迫力がある」「印象に残る」などの言葉に置き換えると，よりイメージをつくりやすい

・各班が配置した大胆な構図をもとに，以下のことをまとめる

「大胆な構図」の工夫

①モチーフを重ねたり，手前を大きく奥に行くほど小さくしたりして，奥行きをつける

②手前のモチーフは画面からはみ出るなど，大きさの差を極端にする

⑥みんなの作品を見てみよう（鑑賞）

・同じモチーフでも，大きさや配置の仕方で印象が変わるね

・大胆な構図に見えるよう，モチーフの大きさの差を極端にして，工夫しているね。

・外国の方にも分りやすいように，絵柄を省略してシンプルに仕上げているね

⑦彫刻刀でどう彫るとよいだろう

・彫刻刀の種類を使い分けると，彫った線の雰囲気が変わるな

・影になるところは線を太くして，線に強弱がつくとうまく仕上がるな

⑧鮮やかな色面にするには，どう配色したらいいだろう（配色の構想）

・配色が違うだけで，印象が全然違うね

・青と緑，赤とオレンジみたいに色相環で近い色同士だと穏やかな印象だね

・赤と緑，黄色と紫みたいに補色の関係を使うと，鮮やかで印象的に仕上がるよ

⑨刷るときのポイントはなんだろう

・かすれたところがいい味になっているよ

⑩完成した作品を鑑賞しよう（鑑賞）

・線に強弱がついているね

・画用紙が黒いから，絵の具に白を混ぜて刷ると発色がよくなるな

・補色の組み合わせが目を引くね

・かすれや重色があって刷り方が工夫されているね

・お城や刀が丁寧に彫ってあって，伝えたい思いが伝わってくるね

・これからも，日本の美しさを大切にして，外国の方にも知ってほしいな

意識する前　　　　　　意識した後

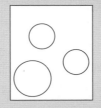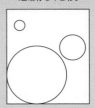

大胆な構図を意識した構図の変化の例

→ 指導ポイント⑦

・下がきの線のみを彫る「線彫り」であることを意識させる

・三角刀や丸刀を用いて，線の太さや彫り跡の違いを生かして彫らせる

・影になるところは線を太くして，線に強弱をつけると，より美しく仕上がる

→ 指導ポイント⑧

・広重の浮世絵を「鮮やかな色面」という言葉から読み取り，制作に取り入れさせる同じ絵柄でも同系色で刷った作品と補色の関係を使って刷った作品を参考作品として用意し，比較して生徒から印象の違いを聞くとよい。「鮮やかな色面」の工夫として，補色や対照色を意識した配色を意識させたい

→ 指導ポイント⑨

・絵の具は水をほとんど加えず，少しずつ板に付けて何度も刷ると，べったりと絵の具が付かなくなる。かすれた表現を工夫させるとよい

→ 指導ポイント⑩

・地域の展覧会で展示したり，国際交流事業で見てもらったりなど，外国の方に見てもらえる機会をつくるとよい

（川口　小夜子）

5 名所章南百景
～スクラッチ画で校区の魅力的なスポットを紹介しよう！～

📖 題材の紹介

　地元（校区）を題材としたもので，本校の総合的な学習の時間で取り組んでいる「私たちの校区自慢をしよう」（1年時），「私たちの汐川干潟について考えよう」（2年時）とリンクさせた題材である。題材を通して，普段，何気なく見ている風景が，視点や構図を工夫することで魅力的な場所や特別な場所に感じられ，より地元のよさや魅力を感じたり，郷土愛を高めたり，さらには地元の未来について考えたりするきっかけとなることを期待した。取り扱う場所は知名度のある場所だけでなく，駅や公園といった自分の好きな場所や身近な風景を選ばせるようにした。こうすることで，生徒は，自分の選んだ場所をより魅力的にかこうと，主体的に視点や構図を工夫して制作していくと考えた。さらに，制作を進めていく上で遠近法などの技法的な学びも必要となってくるので，多様な学びも期待できる題材。

🕐 時間：6時間完了

1 目　標

・ニードルで白黒のバランスを考えながらスクラッチしたり，アクリルガッシュで色みや色の変化を工夫したりしながら，自分の選んだスポットの特徴や魅力を表現することができる。

（知識及び技能）

・どこに強く心惹かれたのかが感じられるような構図や遠近法などを使って表現を考えることができる。

（思考力，判断力，表現力等）

・身近な風景の見え方の視点を変えることにより，様々な表情を感じ取ったり，自分の気持ちを反映したりして，生き生きと表現しようとする。

（学びに向かう力，人間性等）

2 準備物等

教師：スクラッチアート用のアクリル板（完成後は時計になるものを購入），ニードル，見取り枠，ワークシート

生徒：絵の具（アクリルガッシュ），色鉛筆

見取り枠　　　　　ワークシート

③ 評価シート　名所章南百景

評価項目	評価場面	評価規準	評価
知識・技能	④〜⑥	ニードルで白黒のバランスを考えながらスクラッチしたり，アクリルガッシュで色みや色の変化を工夫したりしながら，自分の選んだスポットの特徴や魅力を表現することができる。	
思考・判断・表現	③〜⑥	どこに強く心惹かれたのかが感じられるような構図や遠近法などを使って表現を考えることができる。	
主体的に学習に取り組む態度	⑥⑦	身近な風景の見え方の視点を変えることにより，様々な表情を感じ取ったり，自分の気持ちを反映したりして，生き生きと表現しようとしている。	

✎ 授業づくりのアドバイス

　総合的な学習の時間や郷土学習とリンクしながら展開しやすい題材ではないでしょうか。今回の授業実践をする中で，少しずつ生徒たちの地元（校区）に対する関心や思いの高まりを感じることができました。今回，特に題材の導入時には時間をかけ，いくつかの手立てを講じました。「その場所をいかに魅力的に表現するか」にこだわり，市が制作した地元のPR動画の鑑賞会や歌川広重の「名所江戸百景」の鑑賞会，友人の撮影した写真の鑑賞会など，鑑賞の授業を多く取り入れました。自分たちの知る何気ない日常の風景が，つくり手によってとても魅力的な場所として自分の目に飛び込んでくる映像への驚きや，歌川広重作品の大胆でユニークな構図から得るおもしろさや新鮮さに感動したようでした。また，実際に自分たちが撮った身近な場所の写真の鑑賞会からも多くのことを学び合うことができました。視点の工夫や構図の工夫だけでなく，ある生徒の気付きから，学級全体が撮影する時間帯によっても様々な表現が生み出せることに着目することができました。こだわりなく，ただその場所に行って撮影しただけの生徒が，2回目の撮影では，場所や撮影時刻，視点，構図などにこだわりをもって取り組み，1回目よりも魅力的に撮影しようとする姿の変容が多く見られました。地元の魅力的に写された自分の知らないスポットを知ったときの生徒の表情やつぶやきがとても印象に残っています。導入時に鑑賞会を設けることでしっかりと動機付けをし，生徒の制作意欲につながるように支援しましょう。今回はお気に入りのスポットをスクラッチ画で表現しましたが，色鉛筆，水彩絵の具を使って表現するのもよいかと思います。ぜひ，地元（校区）を題材にした作品づくりにチャレンジしてみてください。

4 指導過程

①自分にとっての章南校区の名所とその魅力
　はなんだろう？（導入）

・渡り鳥の飛来地として有名な汐川干潟だよ

・大根流しで有名な真田神社はどんな魅力が
　あるかな

・蔵王山をバックに見る杉山駅もいいね

・有名な場所だけでなく，自分の好きな場所
　や風景も紹介したいな

②歌川広重『名所江戸百景』を鑑賞しよう
　　　　　　　　　　　　　　　　　　（鑑賞）

・おもしろい視点からかかれているね

・自分がその場から，その風景を眺めている
　ようだ

・ユニークな視点や大胆な構図が，今もなお
　多くの人を魅了する広重の作品の魅力の１
　つだね

・今度の写真は，広重のように視点を工夫し
　て，大胆な構図にしてみようかな

③名所をもっと魅力的に撮るにはどうすれば
　いいかな？（構想）

・下から見上げるように撮るよ

・奥まで続いていくような位置から撮ってみ
　よう

・視点を変えたり，画面の入れ方を工夫した
　りすると，ずいぶん雰囲気が変わるね

➔ 指導ポイント①

・市の制作したPR動画などを鑑賞させるこ
　とによって，自分の知らない地元のよさや
　魅力について気付かせたり，身近にあるも
　のや場所がとても魅力的に映し出されてい
　ることに気付かせたりする

・自分たちの校区について，有名な場所や自
　慢できる場所だけでなく，自分にとっての
　お気に入りの場所やぜひ紹介したいおすす
　めスポットなどはどこかを考えさせる

➔ 指導ポイント②

・江戸時代に作品を通して江戸の魅力を伝え
　た歌川広重を紹介し，「名所江戸百景」を
　鑑賞する時間を設定する

・大胆な構図でかかれた広重の作品の魅力に
　ついて考えさせる

➔ 指導ポイント③

・自分たちが撮ってきた写真を相互鑑賞する
　時間を設定する

・魅力的な写真撮影できた場所だけでなく，
　視点や構図，撮影した時間帯にも着目させ，
　作者の意図や思いにも触れるとよい

・魅力的な写真となるように，再度，自分の
　おすすめスポット（名所）の撮影を行う

④**名所を魅力的にかくにはどうすればいいかな？（構想）**

・数や位置を変えてみよう

・形や色を変えてみよう

・遠近法できちんと遠近感を出してみよう

・絵は自由に構図や色や形を変えたりできるから，写真とは違った魅力が出せるね

⑤**スクラッチ画のよさや美しさって何だろう？（表現）**

・色の付いた部分にも細かな黒い線があって，面に沿ってかかれているね

・細かく削り残された部分があるほど，かっこいいね

・版画のように色の部分と，黒い輪郭部分のバランスが大事そう

⑥**ニードルでスクラッチし，アクリルガッシュで着彩しよう（表現）**

・削りすぎないようにしたり，面に沿って削ったりしないとね

・きれいなグラデーションで塗ってみよう

⑦**学年みんなでつくった『名所章南百景』を鑑賞しよう（鑑賞）**

・きれいな風景だな

・こんなすばらしい場所もあるね

・校区にはこんなにも名所があるんだね　今度，行ってみようかな

・校区の魅力をいっぱい知ることができて，この町が前より好きになったよ

➡ **指導ポイント④**

・見取り枠を使ってトリミングをさせたり，変形，単純化などをさせたりする

・遠近法についても取り上げ，制作の支援をする

➡ **指導ポイント⑤**

・参考作品を鑑賞させ，スクラッチ画のよさや美しさについて考えさせる

・普段，白い面に黒い輪郭線をかくことに慣れている生徒にとって，黒い面に輪郭線以外の部分をかくことで輪郭線を残すという真逆の作業は混乱を招くものである。そこで，黒画用紙に一度，完成予想図を色鉛筆でかかせる経験をさせるとよい

・完成予想図から黒と色みのバランスや黒線の入れ方について検討させる

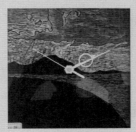

➡ **指導ポイント⑥**

・削りすぎてしまう生徒がいないように，白黒のバランスを見ながら削るように指示するとよい

・色の変化をつけながら着彩することで空間が表現できることに気付かせたい

➡ **指導ポイント⑦**

・美術室の空きスペースに全員の作品を展示し鑑賞する

・文化祭や市民館まつりの作品展にも作品を展示して多くの人に見てもらう

（田中　政雄）

6 新鮮な視点で捉えよう～表現につながる鑑賞活動を通して～

📖 題材の紹介

　本題材は，風景から受けた感じや思いをそのまま豊かに表現することができる。景色をつくる形や色彩，心を揺さぶる光や風，そして空気や空間の自然の存在感。それらが1つになり，訴えかけてくる美しさを捉え，風景を自分なりの見方をすることで，より自分らしく表現させることができる題材。

＜制作手順＞
①話し合い活動と透視図法について学ぶ。（1時間）
②風景に思いをもたせる活動とかく練習。（1時間）
③下がき。（3時間）
④彩色。（2時間）
⑤作品鑑賞会。（1時間）

🕐 時間：8時間完了

1 目　標

・一点透視図法を使って，空間を意識した表現をすることができる。　　　　　（知識及び技能）

・段階的な鑑賞活動を通して，感じたことや学んだことを自分で試行錯誤して，作品に生かすことができる。　　　　　　　　　　　　　　　　　　（思考力，判断力，表現力等）

・鑑賞活動では，ワークシートや作品を活用しながら，意欲的に意見を交換し，表現力を高め合おうとする。　　　　　　　　　　　　　　　　　　（学びに向かう力，人間性等）

2 準備物等

教師：教師の参考作品，先輩の作品（掲示用），教材（チップボール紙，見取り枠），ワークシート（構想プリント，鑑賞カード），写真（美術室から見える風景）

生徒：絵の具セット（不透明水彩），鉛筆（様々な濃さの物2，3本）

掲示物

参考作品と板書

③ 評価シート　新鮮な視点で捉えよう

評価項目	評価場面	評価規準	評価
知識・技能	①④⑦	一点透視図法を使って，空間を意識した表現をすることができる。	
思考・判断・表現	⑤⑧	段階的な鑑賞活動を通して，感じたことや学んだことを自分で試行錯誤して，作品に生かすことができる。	
主体的に学習に取り組む態度	⑥⑪	鑑賞活動では，ワークシートや作品を活用しながら，意欲的に意見を交換し，表現力を高め合おうとしている。	

✎ 授業づくりのアドバイス

　今回の題材では，段階的に鑑賞活動を行うことで，授業の中で生徒同士が話し合い，作品のよさを認め合う活動を多く取り入れました。導入では，透視図法の魅力に気付かせ，構図について話し合わせました。風景に思いをもたせるための活動，配色の工夫に気付かせ，表現の幅を広げる活動など，制作が進むにつれて生徒同士の発言内容も深まってきました。完成作品の鑑賞では，多くの作品を見ながら，表現の素晴らしさに気付き，生徒同士で活発的に話し合う姿が見られました。このような姿からも，段階的に生徒の鑑賞力が育まれてきたと考えます。また，鑑賞活動を通して，鑑賞力だけでなく表現力も高められるようにしたいと考え，表現との関連を図った効果的な鑑賞活動を目指しました。
鑑賞活動の前に鑑賞ポイントを示し，話し合いが深まるような手だてを行うことで生徒は，さらに作品を工夫しようと試行錯誤する姿勢を促すことができます。また，意欲的に取り組んだ自分の作品から完成度の高まりを感じることで，より制作してよかったと満足する姿を増やすことができます。

　ワークシートでは，カード類を工夫し，活用させることで生徒は，自ら進んで鑑賞活動や表現活動に取り組み，活動がより深まりやすくなります。さらに環境や掲示物を工夫することで，その効果は高まりやすくなります。

　評価では，授業の中で評価規準を生徒に示し，作品のよさを認めながらも，作品へのアドバイスを行い，生徒が納得するような指導と評価を目指します。ねらいを明確にした鑑賞活動と生徒の思いを大切にした指導を心がけることで生徒の姿と作品の完成度が変わってくると考えます。

4 指導過程

①空間について考える（鑑賞）

・教科書にある画家の作品や参考作品を鑑賞し，作品のよいところに注目して，空間をどう表現するとよいのかを話し合ったよ
・空間の出し方を発見することができたよ
・遠近法について知ることができたよ
（線遠近法・空気遠近法・上下遠近法）

②風景に思いをもつ活動（鑑賞）

・美術室から見える風景を見ながら風景がもつ美しさについて友人と話したよ
・話の中で視点を工夫することで自分なりの見方ができることに気付いたよ

③制作前の活動（構想）

・見取り枠を使って，線遠近法の中の一点透視図法が使える構図を探したよ

④一点透視図法を使う練習（構想）

・空間を意識しながら，プリントに一点透視図法を使う練習をしたよ

⑤下がき（表現）

・見取り枠を使いながら，絵になる構図を探し，かく場所を探したよ
・かきたい場所に移動して，チップボール紙に鉛筆で下がきをしたよ
・鉛筆で形を取り，明暗の調子を付けた
・タッチを工夫して，建物や物の質感がでるように表現したよ

⑥制作途中の鑑賞（鑑賞）

・友人の作品を見ながら，空間を感じるところを探し，下がきの段階での工夫点について話し合ったよ

➡ 指導ポイント①

・参考作品や構想プリントを使って，空間や距離感について考えさせることで透視図法の魅力を感じさせる
・一点透視図が使いやすい構図と使いにくい構図があることに気付かせる

➡ 指導ポイント②

・教師が学校生活や登下校のことを風景と関連づけながら話をすることで風景に対する思いをもたせる

➡ 指導ポイント③

・黒板に参考作品を貼り，制作の流れを記入しておくことで制作の注意や工夫するポイントが自分で確認できるようにする

⑦色彩遠近法と表現技法（構想）

・色彩遠近法を活用することで作品に距離感を出す方法がある

・表現技法を意識することでどんな色が合うのかを考えたよ

⑧彩色（表現）

・色彩遠近法を使って，距離感を意識しながら，下地づくりをしたよ

・遠くのところは，薄く寒色で塗ってみたよ

・近くのところは，濃い暖色や明るい色で塗ったよ

⑨彩色途中の鑑賞（鑑賞）

・友人の作品を見ながら細部の仕上げ方について考えたよ

⑩仕上げる（表現）

・風景を見ながら，明暗をはっきりつけるなど，細部を仕上げて完成度を高めたよ

・風景や場所への思いを確認したよ

⑪完成作品の鑑賞（鑑賞）

・全クラスの完成した作品を鑑賞カードを使いながら鑑賞し，風景画の魅力を味わったよ

・それぞれ個性を感じる作品が完成していておもしろかった

→ 指導ポイント⑦

・表現技法の確認をしながら，配色の工夫についても触れ，表現の幅が広げられるように指導する

・教師がかいた作品や先輩のかいた作品を掲示し，完成に向けてのイメージをもたせる

→ 指導ポイント⑧

・絵の具の基本的な使い方を確認する。筆や筆洗の使い方や混色方法について全体で指導する

→ 指導ポイント⑨

・細かいところの表現は，美術室の前方に集めて，全員の目の前で話をする

・鑑賞ポイントを全体に示し，ポイントを絞ることで話し合いを深める

・自分の思いを大切にして，彩色している作品を紹介して，参考にさせる

→ 指導ポイント⑪

・完成作品を鑑賞することで認め合う活動につなげる。生徒がかいてよかったと満足感が得られるようにする

・優秀作品を廊下に掲示することで，次の題材への意欲を高める

（黒岩　秀剛）

7 心で捉えたイメージ ～印象や感情を形や色彩で表そう～

📖 題材の紹介

　心で捉えた感情や言葉の印象などから主題を生み出し，形や色彩の効果，材料や用具の生かし方など工夫して創造的に表現できる題材。絵画での抽象表現が初めての生徒たちのために，参考作品を提示したり，イメージの言語化などのスモールステップを踏んだ活動を行ったりして，自信をもって自分の思いを表現する活動につなげることができる題材。

　また，自分の心と向き合って制作していくことで，自分の内面に対する見方や感じ方，思考力を深め，作品を通して自己理解を深めさせたい。

「RAIN」

🕐 時間：10時間完了

1 目標

・自分のイメージに応じた構想をもとに，表現方法や材料などを選択・決定して，モダンテクニックを用いて自分らしく豊かに表すことができる。　　　　　　　　　　（知識及び技能）

・自分の体験や生活の中から主題を生み出し，イメージを膨らませながら構想を練ることができる。　　　　　　　　　　　　　　　　　　　　　　　（思考力，判断力，表現力等）

・抽象表現に興味・関心をもち，創造的に表現する喜びを実感しながら制作に取り組んでいる。　　　　　　　　　　　　　　　　　　　　　　　　　（学びに向かう力，人間性等）

2 準備物等

教師：画用紙（制作の時間を考慮すると，八つ切画用紙が適当），ワークシート，金網と歯ブラシ（スパッタリングを体験する際に使用）

生徒：クレヨン，色鉛筆，絵の具（水彩）

3 評価シート　心で捉えたイメージ

評価項目	評価場面	評価規準	評価
知識・技能	⑦⑧	自分のイメージに応じた構想をもとに，表現方法や材料などを選択・決定して，モダンテクニックを用いて自分らしく豊かに表すことができる。 【知識】形や色彩が感情にもたらす効果や，造形的な特徴などをもとに，形や色彩の組み合わせを全体のイメージで捉えることを理解できる。 【技能】絵の具などの特性を生かし，意図に応じて自分の表現方法を追求して創造的に表すことができる。	
思考・判断・表現	③④	自分の体験や生活の中から主題を生み出し，イメージを膨らませながら構想を練ることができる。 【A 表現】感情やイメージなどの心の世界をもとに主題を生み出し，形や色彩，構成などの効果を考え，創造的な構成を工夫し，心豊かに表現する構想を練ることができる。 【B 鑑賞】造形的なよさや美しさを感じ取り，作者の心情や表現の意図と創造的な工夫などについて考えるなどして，美意識を高め，見方や感じ方を深めることができる。	
主体的に学習に取り組む態度	①⑨	抽象表現に興味・関心をもち，創造活動の喜びを味わい，主体的に感情やイメージなどをもとに構想を練ったり，意図に応じて自分の表現方法を追求して創造的に表したりする表現の学習活動に取り組もうとしている。	

✒ 授業づくりのアドバイス

　この題材を絵画の領域で取り組んだ理由は，描画材の水彩絵の具の特性を生かすことで，生徒たちの表現の幅を広げられると考えたからです。また，彩色に入る前に，いろいろな技法の体験を行ったことで，「ドリッピングは，表したかった『雨』のイメージに合っていて，自分の作品のアクセントにすることができた」など，イメージを表現するためにモダンテクニックを自分の表現に積極的に取り入れる生徒の姿が見られました。

　導入と発想・構想の段階では，自分の思いや考えを言葉で書かせたり，話し合ったり，他の表現から学んだりする活動を通して，作品への思いを明確にして制作に取り組めるようにしましょう。そうすることで，形や色彩のイメージが膨らみ，「こんなふうにしてみたい」とか，「こうしてみよう」という思いを作品に込めて制作する生徒の姿が見られます。生徒自身が，表現方法の可能性を実感できる題材です。

4 指導過程

①参考作品を鑑賞しよう（導入）

・岡本太郎の「跳ぶ」という作品では，「勢いのある感じ」「力強い感じ」がした

・作者の表現したかったものを，なんとなく感じ取ることができた

②感情を線と形で表そう（導入）

・「怒」は，赤や黒などの色で，直線が多いイメージだな

・自分の感情を形や色で表すことは難しいと思ったけど，同じ感情でもみんなそれぞれ感じ方や表し方が違っていておもしろかった

③イメージを言語化しよう（発想・構想）

・自分の体験や生活の中から，主題のもととなる「雨」「ピアノ」「海」などのモチーフを考えたよ

・モチーフのイメージを豊かに表現させるために，連想した言葉をイメージマップにして書き出したよ

・複数のモチーフを考え，イメージマップをつくったぞ

④イメージスケッチをしよう

（発想・構想）

・1つ目のイメージスケッチでは，自由かくことができた

・2つ目のイメージスケッチでは，単純化や強調を意識しすぎて，主題が伝わりにくくなってしまった

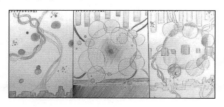

→ 指導ポイント①

・抽象絵画が，具体物をかかずに形や色彩でイメージを表していることを知らせるために，作品名を伝えずに，作品から感じられる印象を発表させる

・イメージを表すために，作者がどのような意図で，画面構成や彩色の仕方を工夫しているのかを知らせる

→ 指導ポイント②

・感性を働かせ，直感を大切にしてかかせるために，5分程の短時間で表現する

・短時間でかくために描画材はクレヨンに限定する

・ミニ鑑賞会で友人の作品を鑑賞し合う友人がどの感情を表したのか考える

→ 指導ポイント③

・モチーフ（※）のイメージを言葉で書き出し，発想の幅を広げさせる

※モチーフ＝具体的な対象物（「海」「雨」など）

・モチーフからイメージした言葉で，イメージマップをつくる

・モチーフが決まらない生徒には，季節や自然物などいくつか例示する

・イメージマップをもとに，表したい主題を決める

→ 指導ポイント④

・観点を3つ示してかかせる

・アイデアスケッチ1は，直感をもとにかかせ，アイデアスケッチ2は，単純化や強調を意識して，アイデアスケッチ3は，画面構成を意識してかかせる

・扱いやすいように描画材は色鉛筆に限定する

⑤イメージスケッチを鑑賞しよう（鑑賞）

・友人のイメージスケッチを鑑賞して，アイデアのよさ見たり，アドバイスを貰ったりすることができた

⑥本制作の下がきをしよう（表現）

・友人の「イメージスケッチ１の形をもっとたくさんかくと主題が伝わりやすい」というアドバイスを生かして，下がきができたよ

⑦モダンテクニックを体験しよう（表現）

スパッタリングを体験する生徒

⑧透明水彩絵の具で彩色しよう（表現）

・「雨」が激しく降るイメージを，ドリッピングで表したり，「桜」のやわらかい感じを表現するために，色をぼかしながら彩色したりすることができたよ

⑨アートゲームをしよう（鑑賞）

・グループ（６〜８名）で，作者が作品の主題のみを伝えて，複数の作品の中からその作品を当てるゲームをしたよ

・グループで楽しくゲームを行うことができたよ

・色を変えるだけでなく，水の量を変えて雰囲気を変えていたので見習いたいと思いました

・友人の作品から，水彩絵の具は水の量を変えるだけで，同じ色に変化がつけられる表現のよさを見つけて，自分の表現に取り入れることができたよ

➡ 指導ポイント⑤

・友人のアイデアスケッチを鑑賞し，感想を互いに伝え合うことで，自分の表現が見る人にどのように伝わっているのかを知る機会をつくり，本制作の参考にする

➡ 指導ポイント⑥

・モダンテクニックを紹介し，自由に体験させる（コラージュ・スパッタリング・ドリッピング・吹き流し）

・モダンテクニックは，作品のアクセントとして使ってよいことを伝える

➡ 指導ポイント⑦

・授業のはじめに，自分の主題を思い起こさせ，イメージに合った彩色の方法を意識させる

・想像力をかき立てるような彩色方法の工夫を，制作の段階に応じて，参考作品を使い具体的に紹介する（タッチ，重色，ぼかし，にじみ，透明感）

①小さく切った紙（カード）に，自分の作品名を記入する
②グループの中の１人がカードを集める
③カードを集めた生徒が，１枚ずつカードに書かれた作品名を読み上げる
④作品名を聞き，「これだ！」と思った作品を「せーの！」で一斉に指をさす
⑤作者が手を挙げて正解を伝える

➡ 指導ポイント⑨

・最後に，振り返りシートを用いて，全員の作品を鑑賞し合い，表現方法を振り返る

（石村 智子）

8 友人とつくる喜びを感じられる題材との出会い

📖 題材の紹介

　生徒の興味・関心を大切にし，生徒の実態にあった題材構想にする必要があると考えた。その中で，友人とともに今までかいたことのないような大きなキャンバスに絵をかく共同制作することにした。共同制作では，ふだん個々に制作しているのとは訳が違い，思いもよらない可能性と感動が生まれてくるのではないかと考えた。偶然生まれた形や色彩，そして，話し合い，相談して生まれ

た形や色彩から，ともにつくりあげる喜びは生まれ，一人ひとりを表現者として輝かせる。友人とともにつくる活動で，人間の生きる力を育てる大切な体験となる題材。

🕐 時間：10時間完了

1 目 標

・形や色彩などの特徴や印象などからゲルニカに込められた感情を感じ取り，友人と共有・検討したイメージをもとに，意図に応じて表現方法を工夫して表すことができる。

(知識及び技能)

・「平和」とういキーワードをもとにして，自分たちの伝えたい感情を形や色彩の効果を工夫しながら構想を練ることができる。　　　　　　　　(思考力，判断力，表現力等)

・形や色彩などの特徴や印象などから心情などを表現できることに関心をもち，思いを込めて共同で作品制作に取り組んでいる。　　　　　　　　(学びに向かう力，人間性等)

2 準備等

教師：キャンバス，絵の具（アクリルガッシュ），作品（「ゲルニカ」）の複写，ワークシート（鑑賞カード，イメージマップ）

生徒：筆洗，刷毛

3 評価シート　友人とつくる喜びを感じられる題材との出会い

評価項目	評価場面	評価規準	評価
知識・技能	①④	形や色彩などの特徴や印象などからゲルニカに込められた感情を感じ取り，友人と共有・検討したイメージをもとに，意図に応じて表現方法を工夫して表すことができる。	
思考・判断・表現	③	「平和」とういキーワードをもとにして，自分たちの伝えたい感情を形や色彩の効果を工夫しながら構想を練ることができる。	
主体的に学習に取り組む態度	④⑤	形や色彩などの特徴や印象などから心情などを表現できることに関心をもち，思いを込めて共同で作品制作に取り組もうとしている。	

✐授業づくりのアドバイス

　共同制作をした当初，完成できるのかという不安をもつ生徒がいたり，制作に参加できない生徒がいたりしました。しかし，制作を進めるにつれて，みんなが制作に関われるように指示を出す生徒が現れました。制作を終えたときには，「友人と絵をかくのは楽しかった」，「作品づくりを通して，学級がまとまった」，「思い出に残る作品ができた」という振り返りを多くの生徒が書いていました。そのことから，生徒にとって，やりがいのある題材であったことを改めて実感しました。

　課題としては，共同制作になるので，評価をどのようにするのかが難しい部分です。また，制作の方法も，その場で意見を言い合ってまとめていく方法や人数分のパーツに分割して，それぞれの分担でかいたものを再構築する方法など，様々な方法を探っていきましょう。また，積極的に制作に取り組んでいく生徒もいれば，なかなか積極的に制作に取り組めない生徒もいました。そうなってしまう原因としては，展示の関係でキャンバスのサイズをゲルニカよりも小さくしたために，絵をかくスペースが限られてしまったことがあります。制作する生徒が限定されてしまい，絵皿と筆を洗っているだけというような生徒が出てしまったのです。互いの個性を生かし合い，みんなが発想や構想を出し合い制作に関わるように工夫して指導していきましょう。そのためにも，誰がどこを担当するかということに著しい偏りがでないようにすること，制作過程の工夫も考えることを意識しましょう。

4 指導過程

①谷川俊太郎の詩「生きる」と「ゲルニカ」を相互に鑑賞しよう（鑑賞）

　導入ともなるこの部分では，話し合うことで互いの思いや考えを共有させることにした。まず，谷川俊太郎の詩「生きる」を読み，感じたことをもとにピカソが目指したゲルニカの思いを考えさせた。詩を読みながら生徒には「ピカソにとって，「生きる」ということはどのようなことだったのだろうか」と問いかけた。そして，詩とつながるものを探した。その中でいくつかのキーワードに注目した。【涙】【兵士】【鳥】【生きる】である。最後にもう一度「生きる」に注目させながら，詩の最後の部分を特に注目させ，そこから何を感じ取れるのか，生徒たちの感想や意見を引き出した。はじめは，ゲルニカを見て「何がかいてあるのか分からない」「おもしろい絵」と言っていた生徒も，谷川俊太郎の詩と相互に鑑賞をしていくうちに，ピカソの思いや生きることについて考える生徒が出てきた。

・ピカソや谷川俊太郎が作品に込めた強い思いが伝わってきたよ
・2人の作家は，表現の仕方は違っても，それぞれ熱い思いをもって取り組んだに違いない

②キッズゲルニカの下絵を考えよう

　キッズゲルニカのテーマは，大きくは「平和」だが，その「平和」の姿はかき手によりさまざまな姿をもつ。イメージマップをつくり，「平和」から「自然」「ふるさと」「学級（学校）」「友達」「家族」など各学級で様々な言葉が考えられた。

→ 指導ポイント①

・ピカソが絵を描く写真を見せ，ピカソの真剣な眼差しに気付かせた
・拡大コピーした「ゲルニカ」を見せ，作品から受けた印象を話し合う
・谷川俊太郎の詩「生きる」と「ゲルニカ」を相互に鑑賞させ，作品の説明をする
・谷川俊太郎の「生きる」の詩の「涙」「兵士」「鳥」「生きる」に注目させる

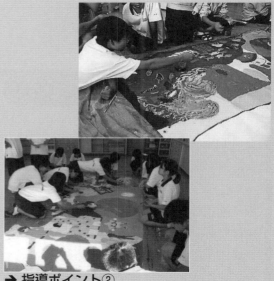

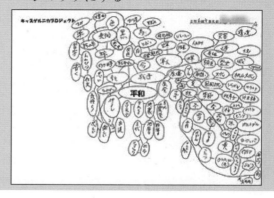

→ 指導ポイント②

・「平和」から思いついたキーワードをイメージマップにする

③みんなのアイデアをまとめよう

イメージマップをつくり，「平和」から考えられる言葉を連想した。そこから，学級で仲間と関わり，話し合い，協力しながら自分たちにしかできない「ともにつくる作品」を考え，キーワードを絞った。そして，キーワードごとにグループ分けをして，アイデアスケッチをかいた

④役割分担を決めて，制作しよう（制作）

グループのアイデアスケッチをまとめ，1枚の原画をつくった。それにもとづいて，グループごとに役割を決めて制作をした。自分や他者の思いを受け止め合いながらかき進めていく過程にこそ，「ともにつくる喜び」があると考え，制作では「学び合う」ということを大切にした。制作当初，原画をもとに単調な着色になっていたが，1人の生徒のアイデアで，ドリッピングやスパッタリングなどの技法を取り入れて楽しそうに制作しているのが印象的であった

⑤できた作品を鑑賞しよう（鑑賞）

できた作品を市野外展に出品した。そして，教室や校舎の外壁に展示した。共同制作した作品を鑑賞する機会はあまりないので，制作を振り返りながら，自分の制作した部分をうれしそうに紹介したり，友人がどういう思いで制作したのか聞き合ったりする生徒の姿が印象的であった。どの学級の生徒も大きなキャンバスにみんなで協力して絵をかききったことがうれしいと振り返った

➡ 指導ポイント③

・キーワードを絞りアイデアスケッチをかく
・下のアイデアスケッチは，「絆」というキーワードからかいたもの

➡ 指導ポイント④

・みんなで協力して制作できるように，リーダーや分担を決める
・制作は，リーダーを中心に生徒の自主的な活動をサポートする
・振り返りを書かせ，生徒の思いを全員で共有していく

➡ 指導ポイント⑤

・作品が多くの人の目に触れる場面を設定する。市の野外展や校舎の外壁など

（森田 雄也）

9 私との対話 ～世界に1人しかいない私を表現しよう～

📖 題材の紹介

中学3年生になると，自分の能力や足りないところを客観的に捉えられるようになる。進路も関わり，さらに自分自身を見つめたり，将来への夢や生き方を思い描いたりするこの時期に，自分をテーマに制作をすることには大きな意味がある。

今回の作品は「私」をテーマに，外側から見た私，内側の私（性格，夢，経験，好きなもの，嫌いなものなど）の2つの方向から自分を捉えて組み合わせる。外側の私の表現は鉛筆デッサンで顔をかき，内側の自分は自分の人格を構成しているものを技法にとらわれずに表現する。この2つの作品を組み合わせて1つの作品にする。見た目だけではなく，世界で1人しかいない「私」を表現する題材。

生徒作品「逃避」

🕐 時間：11時間完了

1 目標

・絵の具や画材の用具の特性を生かし，表現意図に合う新たな表現方法を工夫するなどして創造的に表現することができる。　　　　　　　　　　　　　　　　　　　　（知識及び技能）

・自分の姿や心の中を見つめて考えたことをもとに主題を生み出し，単純化や強調など創造的な構成を工夫し，表現の構想を練ることができる。　　　　　（思考力，判断力，表現力等）

・造形的なよさや美しさ，自分の姿や内面をもとにした主題と創造的な表現の工夫ができる。　　　　　　　　　　　　　　　　　　　　　　　　　　　（思考力，判断力，表現力等）

・自分の姿や心の中を見つめた表現に関心をもち，主体的にイメージに合った表現を追求して制作に取り組んでいる。　　　　　　　　　　　　　（学びに向かう力，人間性等）

2 準備物等

教師：鑑賞資料①（ピカソの年齢によって表現が変化する自画像を数点），②（絹谷幸二の個性が強い自画像），③（自分をテーマに立体作品や素材が違うものなど），A4ケント紙，A5ケント紙，鏡，絵の具（水彩），鉛筆，はさみ，のり

生徒：画材（色鉛筆，ペン類など）

③ 評価シート　私との対話

評価項目	評価場面	評価規準	評価
知識・技能	②	顔は立体的で角度によって雰囲気が変わることや，質感の違いについて理解し，構図を考えることができる。	
	④	主題に合う表現をするために，適切な画材や表現技法を選ぶことができる。	
思考・判断・表現	③	「私」の姿や心の中を見つめて考えたことをもとに主題を生み出すことができる。	
	④	主題に合う表現ができるように，さらに単純化や強調，構成の仕方などを考え，工夫することができる。	
	⑤	背景に合うデッサンの形を考え，配置することができる。	
主体的に学習に取り組む態度	①	自分の姿や心の中を見つめた表現に関心をもち，表現の工夫や作品のよさを感じ取ろうとしている。	
	⑤	姿と心の中を融合させるような，配置の仕方を考えようとしている。	

✎ 授業づくりのアドバイス

　鉛筆デッサンは顔のパーツの取り方やバランス，明暗の表現の仕方を事前に練習をしました。中学３年生は技法を理解し制作することができます。自信がない生徒にも具体的に見方やタッチの流れについてアドバイスをすると手が進むことがあります。
内面を表現する活動では「プラスの面だけでなくマイナスな面も自分特有のものである。また，15歳の自分も今しかいない。今の不安や希望，好きなことも自分をつくっているもの」と目を向けさせました。
　内面の表現で画材を自由にしたのは，それぞれが得意とする画材を使い工夫をしやすくするためです。制作中に何度も互いの作品を鑑賞する時間を取ると刺激されて学級全体がよくなると思います。
　完成作品からそれぞれが個性にあふれた作品になりました。中学３年生の不安や心の支え，夢などが表現され刺激的な作品が多かったです。

4 指導過程

①自分をテーマにした作品を鑑賞しよう
(鑑賞)

・自分を表現するには見た目だけではなく，
思考や目標などいろいろな表現ができる
・世界にたった1人の自分は何で構成されて
いるのだろう

→指導ポイント①

・ピカソの自画像を複数見比べさせることで，
同じ人物でも過ぎた時間や環境で表現が変
化することに注目させる
・絹谷幸二の自画像から見た目だけではなく
自分を象徴するような形や色彩があること
に注目させる
・複数の作家の自画像を鑑賞させ，様々な表
現方法があることを伝える

②鉛筆デッサンで自画像をかこう（表現）

・鏡に映す顔の角度で雰囲気が変化すること
に気付く
・髪，肌，眼球など質感の違いに気付く

→指導ポイント②

・A5ケント紙に目を開いた状態の顔をかか
せる
・顔のバランスやデッサンの仕方について資
料を使って説明する
・鏡を前にして自分のイメージに合う角度を
見つける
・白黒写真で顔を撮ったらどのような明暗が
できるか考えさせ，しっかりかき込む
・中間鑑賞会をして互いに参考する

③内側の自分を表す背景を考えよう　（構想）

・自己の内面を見つめ，自分の人格を形成し
ているものは何だろう
・どんなもの，ことが印象に残っているのだ
ろう
・「私」を表現するのに適する主題テーマは，
どんなものがあるだろう

→指導ポイント③

・「私」を中心にウェビングマッピングを行
い「好きなもの」，「熱中しているもの」だ
けではなく，「心の中に残っている記憶」，
「嫌いなもの」，「家族」，「友人」，「将来」
などにも目を向けさせ主題を決める

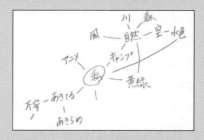

ウェビングマップ

・改めて資料探しをするとイメージがわく

・作品に盛り込むものが決まったら，配置や
　表現方法を考えよう
・絵では雰囲気が表現できないな

・鉛筆でかいた自画像を内側の自分を表した
　作品に貼ることを伝えアイデアスケッチを
　考えさせる
・コンピュータ室や図書館でかくものを調べ
　させイメージを膨らませる
・アイデアスケッチのサイズは小さめにして
　2枚以上かかせ，イメージをより具体的に
　するために必要に応じて言葉で解説を書く
・アイデアスケッチは大まかにかくようにす
　る

④アイデアスケッチをもとに表現する
（表現）

・どんな画材を使えばいいかな
・表現方法は，どれを使おうかな

➡ 指導ポイント④

・表現しやすい画材を選ばせて自由にかく
・本番用紙の他に試しがきができるようにし，
　画材を組み合わせや配色を確認するように
　する
・おもしろい制作をしている作品は積極的に
　他の生徒に紹介したり，中間鑑賞会を設け
　たりしてよいところは共有する

⑤外面と内面の作品を組み合わせる（構成）

➡ 指導ポイント⑤

・自画像のデッサンは内面のデザインに合わ
　せて好きな形に切ってもよいが，目だけは
　必ず入れるように伝える

⑥作品を鑑賞し合う（鑑賞）

・どんなタイトルがいいかな
・見た人がどんなイメージを抱くかな

➡ 指導ポイント⑥

・すべての作品を掲示する
・解説や工夫点を発表し合うとよい

（小手川 幸子）

10 色ガラスによるモザイク画
～My Favorite（私のお気に入り）～

　本校では，3年生になると，今までの美術の総仕上げとしてモザイク画を制作させている。モザイク画はおよそ8mm角に加工した色ガラスを透明な板に貼り付けており，光を通すことができる。モザイク画とステンドグラス両方の性質をもつ題材。

🕐 時間：14時間完了

1 目　標

・モザイク画のもつ特性について理解し，それを踏まえたうえでアイデアを考えることができる。

(知識及び技能)

・基礎基本をふまえ，創造性豊かに表現することを楽しむことができる。

(思考力，判断力，表現力等)

・目的意識をもって授業に参加し，集中して制作活動を行おうとする。

(学びに向かう力，人間性)

2 準備物等

教師： ワークシート（アイデアスケッチ，作業マニュアル），方眼紙，テーブルクロス，ガラスカッター，プライヤーランナー，安全メガネ，ペンチ，ガラス用ボンド，参考資料

生徒： 色鉛筆，軍手，ビニール袋，平刀，30cm定規，作品の資料になるもの（実物，写真，図鑑等）

色ガラスのカットの様子

色ガラスの貼り付けの様子

③ 評価シート　色ガラスによるモザイク画

評価項目	評価場面	評価規準	評価
知識・技能	②	「私のお気に入り」のものを明確にし，構成美の要素なども取り入れながら奥行のある表現をすることができる。	
思考・判断・表現	⑤	できるだけ隙間をつくらずにテッセラを貼る，また貼る向きを工夫するなど，技術的なことを踏まえて丁寧に作業を進めることができる。	
主体的に学習に取り組む態度	①〜⑥	授業の準備，後片付けを積極的に行おうとしている。	
		毎時間，授業終了時に振り返りシートを書き，授業内での気付きなどを丁寧に振り返ろうとしている。	

✏ 授業づくりのアドバイス

　人類が長い年月を経て脈々と受け継いできた伝統技法には，我々の人知を超えた魅力があると信じて，私はこのモザイク画を制作させてきました。ただし，色ガラスを使用するということでリスクが高いことも事実です。何より安全に配慮しながら作業を進めますが，特に眼を守る安全メガネの重要性についてはしっかりと理解させる必要があります。生徒にとって最初のハードルは，色ガラスをカットすることなのですが，実はどんな形にカットされたものでも，貼る作業では使えるため，「失敗は存在しない」と伝えると，どの生徒の顔も輝きます。そして，カットした色ガラスを貼る作業も，大変な作業ですが，その分，完成したときの達成感は「思わず叫びたくなるくらい」（生徒談）なものになります。

生徒作品

4 指導過程

①モザイク画について学ぼう

（作品づくりをイメージする）

・昔の人は，どうしてこんな手間のかかる方法で作品をつくったのだろう

・一つひとつを念入りにつくっていてきれいだな

・私もあんなきれいな作品がつくれるといいな

・色ガラスを使って，自分が作品をつくることができるのだろうか

・先輩たちのようにつくりたいな

②アイデアスケッチ考えよう

（自分にとってのお気に入りをもとにアイデアスケッチをかく）

・部活動で使ったユニホームやシューズ，道具や楽器をモチーフにするよ

・お気に入りの食べ物がいいね

・お気に入りのテーマパークがいいね

・きれいなガラスを使って表現したいな

・この色のガラスがどこに使えるかな

③事前指導

④色ガラスをカットしよう（技能）

（色ガラスのカットを教師が実演した後，生徒が自分でガラスカットを行う）

・生まれて初めてガラスをカットしてみて，とても緊張したよ

・思ったよりも簡単にガラスカットができて，楽しく作業ができたね

・思うようにガラスが割れず，いびつな形ばかりできてしまったな

・カットしたガラスが集まるときれいだね

・モザイク制作が楽しくなってきたよ

→ 指導ポイント①

・プロジェクターを使って，モザイク画の歴史や過去の生徒たちの作品に触れさせる

【参考とした作品】

ラヴェンナのモザイク画（5世紀）

・アイデアを家で考えてくるよう伝える

→ 指導ポイント②

・奥行きをもたせること等，これまでの表現技法を活用できるように，個別にアドバイスをする

・自分のお気に入りを見つめさせ，モチーフにすることでその後の制作意欲につながってくる

・この時点で，材料に触れさせることで，より発想が広がる

→ 指導ポイント③④

・安全を徹底的に確認させる

○眼を守るため，授業時間中は安全メガネを必ず着用する

○色ガラスは決して素手で触らない

○色ガラスが飛び散らないよう，プライヤーランナーやペンチでガラスをカットするときは，必ずビニール袋の中で行う

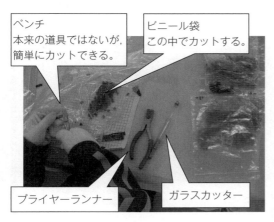

ペンチ
本来の道具ではないが，簡単にカットできる。

ビニール袋
この中でカットする。

プライヤーランナー

ガラスカッター

生徒机上の様子

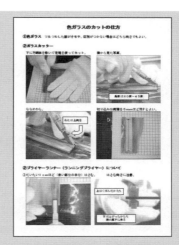

生徒に配布した作業マニュアル

⑤色ガラスを貼り付けよう
（思考力・判断力・表現力）

・隙間なく色ガラスを貼るために，四角いものだけでなく，失敗したと思ったいびつな形のものがとても役に立った

・あまり隙間を気にせずにテッセラを貼っていって，あとで隙間を埋めようと思う

⑥鑑賞会をしよう

・光に透かして見ると，色がとってもきれいだったよ

・○○さんの部活動に対する思いがとても伝わっていたよ

→ 指導ポイント⑤

・ここでも安全第一を明確にし，机上の整理整頓に努めるよう指示する

・技術的な指導に関しては，ガラス用の接着剤で貼ること，失敗したら彫刻刀の平刀で剥がすことができることのみを伝えた

・色ガラスの貼り方については，ラヴェンナのモザイク画の写真を掲示し，そこから貼り方のヒントを考えるように指示をした

・できるだけ隙間なく貼ったほうがきれいに仕上がる

・貼る向きにも気を付ける。ただ並べるのではなく，形に添って貼るとよい

・グラデーションの技法は，使う色に気を付ける

・4回の授業で採点を行い，そのあとは持ち帰りを可とした

→ 指導ポイント⑥

・1人最低6人の生徒に感想を書いたメッセージカードを渡すように指示する

・感想をもらう生徒に偏りが出ないように，ルールを設ける

（肝付 道明）

11 マイ・小風呂敷

　本校では，給食の時間に，ランチョンマットを使用している。また，部活動などで弁当が必要な日には，大きめのハンカチを利用して弁当箱を包んでいる。美術の授業で，ランチョンマットやハンカチとして使うことのできる小風呂敷を制作し，実際に使うことで食事の時間がより楽しいものになるのではと考案した題材。

🕐 時間：8時間完了

1 目　標

・シルクスクリーンの特性を生かし，連続して美しく印刷することができる。**(知識及び技能)**
・伝統文様の拡大，縮小，変形，分解といった特徴を生かし，絵柄が連続し上下左右につながるようにデザインすることができる。　　　　　　**(思考力，判断力，表現力等)**
・生活の中で働く美術の役割に気付き，伝統文様の名前や意味，風呂敷についての学習活動に主体的に取り組もうとする。　　　　　　　　　　**(学びに向かう力，人間性等)**

2 準備物等

教師：ワークシート，シルクスクリーン印刷材料　（スクリーンマーカータイプ），
　　　綿の小風呂敷（42×42cm），動物図鑑，日本の伝統文様資料
生徒：色鉛筆

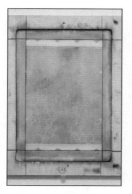

シルクスクリーン版

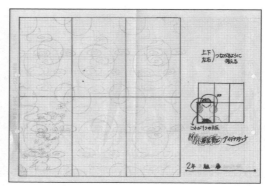

ワークシート

③ 評価シート　マイ・小風呂敷

評価項目	評価場面	評価規準	評価
知識・技能	⑥	シルクスクリーンの特性を生かし，連続して美しく印刷することができる。	
思考・判断・表現	②③⑤	伝統文様の拡大，縮小，変形，分解といった特徴を生かし，絵柄が連続し上下左右につながるようにデザインすることができる。	
主体的に学習に取り組む態度	①⑧	生活の中で働く美術の役割に気付き，伝統文様の名前や意味，風呂敷についての学習活動に主体的に取り組もうとしている。	

✎ 授業づくりのアドバイス

　この題材を通して，伝統文様の存在を知り，文様の名前や由来に興味をもつ生徒が増えました。オリンピックのエンブレムや，卒業の袴，神社仏閣などの建物，食器など生活の中で使われている伝統文様に興味をもったり気付いたりすることが，豊かな暮らしを築くための土台になるのではないでしょうか。

　また，風呂敷の基本的な結び方や，バッグや弁当箱の包み方を学ぶ中で，風呂敷の実用性を感じることができました。

　市の展示会では，小風呂敷を見た多くの方が足を止め，
「柄がきれいでおしゃれだね」
「どうやってつくってあるんだろう」
「風呂敷なら実際に使えていいね」
と，関心を寄せてくださいました。その後は，美術博物館や校内の壁に，ファブリックパネルとして飾られていました。

　一方で，見る美術作品としてだけではなく，使える道具として，ランチョンマットや弁当を包むのに活用している生徒もいます。
「自分で文様をかくことで，その文様のすごさや深みが分かった」
「一人ひとり，色も柄も違うから，弁当を包んだときの雰囲気が違う」
「自分のつくったもので，給食を食べることができてうれしい」

　『マイ小風呂敷』の実践に込めた，「美術と生徒の生活をつなげたい」という願いが伝わったことを，様々なところで確認することができました。

4 指導過程

①日本の伝統文様について調べよう
（伝統文様を知る）

・伝統文様は植物や自然の現象がモチーフになっているね

・連続した形がおもしろいな

②伝統文様の違いを見つけよう
（伝統文様の特徴を見つける）

・モチーフが同じでも表し方が違うね

・白色と色の部分に違いがあるな

→ **指導ポイント①**

・伝統文様が豊富に掲載されているサイトや書籍を事前に調べ，生徒に紹介できるようにしておく

→ **指導ポイント②**

・同じ伝統文様を用いているが，拡大，縮小，変形，分解，組み合わせによって違いに気付くことができる資料を用意する

③伝統文様を組み合わせてオリジナルの文様をつくろう（構想）

・伝統文様と選んだ動物を組み合わせて，オリジナルの文様を考えるよ

・雪輪と羊の形が似ているからうまく使えそうだな

・2つ以上の伝統文様を組み合わせた後に，動物を重ねてみるよ

④中間発表会（鑑賞）

・友人の工夫を聞いてみたいな

・友人の制作意図がよく分かったよ

・友人の工夫を自分の作品に生かすよ

・自分の表現意図が伝わってよかったな

・動物の形の特徴を生かして伝統文様と組み合わせているね

→ **指導ポイント③**

・選んだ伝統文様や動物を組み合わせるときのヒントになるように，ワークシートを用意する

→ **指導ポイント④**

・使用した伝統文様や動物について，組み合わせ方について，表現意図を述べさせる

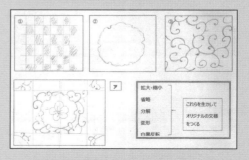

組み合わせ方の例

⑤柄の配置を工夫し繰り返しつなげていくことのできるデザインを考えよう（構想）

・上下左右のつながりを意識すると，つながる絵柄ができるね

・絵柄がつながるには，上下左右の絵柄が一直線上で対称になっている必要があるね

⑥シルクスクリーンで美しく印刷しよう

（表現）

・版がずれないようにするよ

・日本の伝統色を使うよ

・やさしい感じの配色にしたいな

・シルクスクリーンは形が明確に印刷できてきれいだね

・動物の形を目立たせたいから補色の色も考えるよ

⑦相互鑑賞会（鑑賞）

・連続した形がうまく表現されているね

・形の単純化に工夫があるね

・拡大や縮小によってリズム感が出たね

・色のグラデーションがおもしろいね

⑧風呂敷の使用法を知り，実際に使ってみよう

・使ってみると風呂敷は便利だね

・いろいろなものを包んでみたいね

・昔の人の暮らしが分ったよ

→ 指導ポイント⑤

・上下左右がつながる絵柄にするためのポイントに気付かせるために，つなぐことができるもの，できないものの２パターンを用意する

連続性を理解する

→ 指導ポイント⑥

・版がずれないように，目安をかいたベニヤ板の上に布を置いて印刷できるように準備しておく

・インクの色は，伝統色に近い色を使用する

・生徒が見つけた技能のコツを，生徒に語らせることで，伝わりやすく，質問もしやすいため，生徒の間で問題を解決していく

→ 指導ポイント⑦

・コンセプトカードには制作意図を書くように指示し，鑑賞者が作品と見比べることができるようにする

・付箋に感想を書き，作品に貼り付けてよさを伝える活動を行う

→ 指導ポイント⑧

・風呂敷の基本的な結び方を実演する

・いろいろなものを包む機会を設定する

（中根 勅子）

12 常磐・菓子

本校は山や川に囲まれた自然豊かな地域にあり，地元のお祭りや川の清掃，長寿者訪問など，地域の方と深く関わる行事が多い。身近にある自然や，地域の「もの・こと・ひと」をテーマとし，和菓子レプリカやお皿に，自分の思いを表す題材。

🕐 時間：8時間完了

1 目 標

・表現に合った適切な材料と道具を使い，自分の思いを和菓子と皿に表すことができる。

(知識及び技能)

・自分が見つめて感じた地域のよさや美しさを，和菓子と皿の色彩や形に置き換えて表現することができる。 (思考力，判断力，表現力等)

・和菓子に込められた日本の美意識や季節感を感じ取るとともに，作品制作に主体的に取り組もうとする。 (学びに向かう力，人間性等)

2 準備物等

教師：樹脂粘土，エポキシレジン，陶土，釉薬，和菓子の資料，タブレット端末
　　　　コンセプトカード（制作意図を書き入れるカード），ワークシート（設計図）

生徒：各自和菓子づくりに必要な材料（ビーズなど）

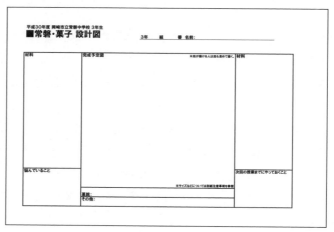

ワークシート

③ 評価シート　常磐・菓子

評価項目	評価場面	評価規準	評価
知識・技能	⑤⑥⑧	表現に合った適切な材料と道具を使い，自分の思いを和菓子と皿に表すことができる。	
思考・判断・表現	②③⑦	自分が見つめて感じた地域のよさや美しさを，和菓子と皿の色彩や形に置き換えて表現することができる。	
主体的に学習に取り組む態度	①⑨⑩	和菓子に込められた日本の美意識や季節感を感じ取るとともに，作品制作に主体的に取り組もうとしている。	

✐ 授業づくりのアドバイス

　和菓子レプリカ制作はこれまでにも多く取り組まれてきた馴染みのある題材です。しかし，この実践では和菓子をつくることを目的にするのではなく，和菓子制作を通して「自分の住んでいる地域のよさや美しさ」に着目し，そのよさや美しさを色と形に表していくことを目的にしています。生徒は，改めて自分の地域のよさや美しさを見つめていく中で，「秋の夕暮れの空に浮かぶ星」や「桜の花びらが流れる川」「地域の方の温かさ」など，普段見慣れた風景や当たり前にそこにある存在を，美しく，自分にとって大切なものであったことに気付いていきます。また，他の生徒が見つけたよさや美しさを共有することで，自分たちのふるさとが素晴らしいところであると，愛着や誇りをもつようになりました。

　和菓子づくりには，樹脂粘土やレジンが適していますが，生徒によっては，木材やビーズ，ビニールチューブ，本物の小豆などを自分の表現に合わせて使わせました。与えられたものだけで解決するのでなく，自ら表現に合うものを見つけようとする姿がありました。また，一人ひとり，和菓子レプリカに合う皿をデザインし，陶土で成形し陶芸窯で焼成しました。皿づくりを通して，陶芸の新たな技法や魅力を学ぶとともに，和菓子をのせる皿も，日本の文化ともいえる心のこもった「おもてなし」の一部であることを生徒は感じることができました。

　皿の本制作には，陶芸の専門的な知識が豊富な地域の陶芸クラブをゲストティーチャーとして招き，成形や釉掛けについて指導していただきました。一人ひとり異なる成形・焼成に合わせた指導方法を考えて取り組んでいただいたおかげで，様々な種類の完成度の高い皿が完成しました。地域の関係機関との連携や地域の人材を活用することで，地域とともにある学校づくりにもつながっていきます。

4 指導過程

①和菓子について知ろう

　　　　　　（和菓子の特徴について知る）

・彩は四季を表しているね

・細かな細工がされているね

・和菓子は日本の大切な文化だな

・職人の技はすごいな

②常磐のよさや美しさってなんだろう

　　　　　　（地域のよさや美しさに気付く）

・四季の変化がよくあるよ

・鬼祭りは有名な祭りだね

・秋の紅葉は地域の宝だな

・地域の人たちはとても心が温かいよ

③常磐のよさや美しさを伝えることのできる
　和菓子をスケッチしよう（構想）

・常磐の風景の中で記憶に残るもの，印象的
　なものを選び，形と色で表すよ

・形や色を変え，何点かスケッチするよ

・秋の紅葉は色で表したいな

④自分の思いを伝え，お互いの作品のよいと
　ころや違いを見付けよう（鑑賞）

・色や形に表した自分の思いを伝えるよ

・友人のアドバイスから，スケッチを見直し，
　デザインを確定するよ

⑤材料を知ろう，考えよう（構想）

・和菓子を表すのに適した材料を探すよ

・樹脂粘土やレジンを使い，試すよ

⑥材料の表現方法を工夫し，和菓子を制作し
　よう（表現）

・質感まで表現したいね

・樹脂粘土やレジンのよさを生かすよ

➡ 指導ポイント①

・和菓子を実際に食べることで，和菓子の匂
　いや舌触り，形や色を確認し，全体で感想
　を発表・共有する

➡ 指導ポイント②

・自分の住む地域の四季ごとの自然のよさや
　美しさ，行事をマインドマップに書き出す
　よう指示する

・常磐の風景の中で記憶や印象にあるものを
　思い出すよう伝える

➡ 指導ポイント③

・和菓子の本やタブレットを準備し，いつで
　も手に取れる環境をつくる

➡ 指導ポイント④

・グループ内で，自分の和菓子の形と色にこ
　だわった点を述べ，お互いに疑問点やアド
　バイスを伝え合うように指示する

➡ 指導ポイント⑤

・樹脂粘土，レジンを試す機会を設定する

・いろいろな材料の工夫をさせる

・実際の和菓子づくりのビデオを視聴し，職
　人の技を参考にさせる

➡ 指導ポイント⑥

・同じつくり方をする生徒で自然に集まり相
　談できるような雰囲気をつくる

⑦和菓子に合うお皿をデザインしよう

（構想）

・和菓子を引き立てる色や形がいいね

・葉っぱの形をモチーフにするよ

・夜の紅葉だからお皿は黒かな

⑧皿を成形，焼成する（表現）

・実際に葉っぱを使って加飾するよ

・和菓子とのコントラストを出したいから形をシャープにつくりたいな

⑨相互鑑賞会（鑑賞）

・自分と同じテーマだったけど表現方法が違うね

・川の美しさをレジンの透明感で表現したんだね。よく見ると小さな魚がいるね

・お皿を黒くしたから和菓子が目立つね

・○○さんは，地域のお祭りが誇りなんだね

⑩展示会への出品

・作品で地域のよさを伝えたいな

市展示の様子

➡ 指導ポイント⑦

・様々な釉薬をかけて焼成したテストピースを事前に提示し，できあがりをイメージできるようにする

・和菓子に合うお皿の形と色を考えさせスケッチする時間を確保する

➡ 指導ポイント⑧

・素焼きすると一回り縮むことを考慮した大きさにするように指示する

・段ボール紙に形をかいて切り取り，たたら状の陶土の上に置き，ようじなど先の尖った形状のもので，周りを切るように伝える

・皿のふちの部分には，紐状に伸ばした粘土の塊をひくとよい

➡ 指導ポイント⑨

・コンセプトカードに和菓子と皿に込めた思い，菓銘を書くように指示する

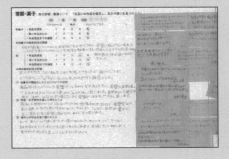

コンセプトカード

・コンセプトカードに自己評価欄を設けることで，客観的に自分の作品を振り返る機会をもつ

➡ 指導ポイント⑩

・作品が引き立つ展示の工夫をするとよい

・市の展覧会だけでなく，地域包括センターや商店に依頼して展示させてもらう機会を増やし，多くの方に生徒の作品を見てもらう機会をもつとよい

（中根 勅子）

13 Attention プリーズ！構図とレイアウト

📖 題材の紹介

　本題材は，視覚効果について実践を通して学べる。ポスター制作を通して，構図（コンポジション）や色彩などの視覚効果を学習し，伝えたい情報や内容を見る人に分かりやすく伝達する方法を考えていくことができる。

　優れた平面作品にはいくつもの視覚効果が含まれている。中でも構図には，物の配置や形，色などのまとまりを考え全体を構成するという役割がある。混色や遠近法などの知識に加え，平面作品をつくる上で欠かすことのできない視覚効果を実践を通して学べる題材。

🕐 時間：10 時間完了

1 目　標

・新たな表現技法を学び，制作に取り入れることで技能の向上を実感できる。**(知識及び技能)**

・ポスターの用途を理解した上で，伝えたい内容を整理し構想を深めることができる。

(思考力，判断力，表現力等)

・生徒同士の関わりの中から表現の多様性を見つけ，自分の作品に生かしながら美術表現の楽しさや価値に気付き，生活の中での美術との関わりを深めていこうとする。

(学びに向かう力，人間性等)

2 準備物等

教師：レタリング集，配色カード，制作カード，水彩ボート，参考作品，実物投影機
生徒：絵の具セット（アクリルガッシュ），資料集

3 評価シート　Attention プリーズ！構図とレイアウト

評価項目	評価場面	評価規準	評価
知識・技能	④	新たな表現技法を学び，制作に取り入れることで技能の向上を実感できる。	
思考・判断・表現	①〜③	ポスターの用途を理解した上で，伝えたい内容を整理し構想を深めることができる。	
主体的に学習に取り組む態度	⑤	生徒同士の関わりの中から表現の多様性を見つけ，自分の作品に生かしながら美術表現の楽しさや価値に気付き，生活の中での美術との関わりを深めていこうとしている。	

✎ 授業づくりのアドバイス

　ポスター制作では，常に思いを込めた主題（テーマ）を大切にできるようにしたいと考えています。また，毎授業後に「制作カード」を記入させ，主題設定の理由や学んだ視覚効果など，考えや作品の変容をいつでも振り返ることができるようにします。

　視覚効果を扱う授業では，構図や色彩について具体的な参考作品を示しながら，作者が意図した視覚効果について生徒自身が主体的に発見していくことができる＜関わり合いの場＞や＜制作実践の場＞を設定しましょう。構図や色彩について学習を深めることで，表現の幅が広がり，意図に合った技法の取捨選択ができるようになります。思いが明確に伝えられれば，美術表現の楽しさや価値を再発見することができ，生活の中での美術との関わりを一層深められることができると考えています。

＜子どもの主体性を高める＞美術の表現活動は，大きいものから小さいものまでいくつもの選択を重ねる行為によって成り立っています。選択することを通して，生徒が「もっとこうしたい」と意欲を高め主体的に取り組めるよう「選択の場」を増やすことが大切です。

＜関わり合いの場＞本題材は，自分なりの見方や感じ方が大切であると同時に，他者の見方や感じ方を知ることのよさやおもしろさを知り，鑑賞の楽しさを実感させることが大切です。「どうしたら他者の目に留まる作品になるかな」「伝えたいことを的確に読み取ってもらうにはどうしたらいいかな」といった視点で自他の作品を見つめることができる活動を題材計画に正しく位置付けるとよいでしょう。

＜制作実践の場＞授業では，様々な材料や用具を使って表現します。それらをイメージに合わせて使うだけではなく，発想構想したことや関わり合いの場で得た気付きを試してみるという場を取り入れると，表現の幅が広がり，生徒の中に「こうしたい」という思いや見通しを生み出すことができます。

4 指導過程

①ポスターの役割を知ろう（イメージづくり）

・目的によって表現の工夫が違うな

・参考作品は伝えたい内容が分かりやすいな

・伝えたい思いを大事にしよう

・優れたポスターには思いを伝えるための工夫がたくさん隠されていたね

・オリジナル作品の構図は完璧だと思ったけど，レイアウトを変化させると意外にも印象が変わるね

・作者が表現したい意図に応じてフォーカスされる部分も変わってくるね

・ポスターを使って伝えたいテーマを表現するにはどんな知識が必要かな

②主題を強める構図について考えよう
　　　　　　　　　　（関わり導き出す段階）

・構図の意味が初めて分かったよ

・平面作品では構図の役割が大きいな

・参考作品には目を引くための視覚効果が考えられているな

・優れたポスターは，構図を工夫することで人の目を引くための視覚効果を取り入れているね

③思いを届けるポスターをかこう
　　　　　　　　　　（関わり導き出す段階）

・主題が正確に伝わるよう，かくものを吟味するよ

・視覚効果を考えて文字や形の配置を決めるよ

・友人の発表を聞いて構図のポイントを再確認できたよ

・配置や形のわずかな違いでも，作品の印象がずいぶん変わるね

→ 指導ポイント①

・ペイントソフトを用いて参考作品との出会わせ方を工夫する

・「制作カード」を記録する場を設定し，主題設定の理由や考えを具体化できるようにする

・視覚効果を考えた画面構成の工夫例

ア　文字の場所を変えてみる

イ　表現するモチーフの大きさを変えてみる

ウ　形を具象形から抽象形にしてみる

エ　配色を変えてみる

→ 指導ポイント②

・実物投影機を用いて抽出生徒の作品を掲示し可視化することで，感想やアドバイスを見つけやすくする

・仲間の作品を見ながら構図の視覚効果について発表し合う場を設定する

→ 指導ポイント③

・参考となる抽出生徒の作品を投影し，工夫できるポイントについて確認できるようにする

実物投影機で生徒作品を映写する

④色面構成を生かすための配色や塗り方を考えよう（関わり導き出す段階）

- ・色の配色にはたくさんの種類があるね
- ・むらのない塗り方ができるようになったよ
- ・色の効果をうまく利用できたよ
- ・ポスターは絵画作品と違って，むらのない色面をつくったり，見る人の立場に立って配色を考えたりすることがとても大切だと分かったよ

⑤友人のポスターを鑑賞して作品の変化を振り返ろう（応用・発展する段階）

- ・友人の作品は感性がそれぞれ違っていておもしろいな
- ・自分の取り入れた視覚効果に気付いてもらえてよかったよ
- ・違うパターンの構図や配色も試してみたくなったよ
- ・主題を生かすためには，構図や色彩についても視覚効果を意識して平面構成する必要があることが分かったね

➡ 指導ポイント④

- ・色の塗り方について教師がやって見せ，生徒たちも練習できる場を設定する
- ・教科書，資料集にある色面構成を学び，色のもたらす視覚効果について話し合う場を設定する

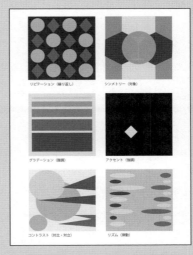

参考資料をもとに色面構成を学習する

➡ 指導ポイント⑤

- ・作品や「制作カード」を見て単元を振り返ることで，これまでの作品の変化を発見できるようにする
- ・ポスター制作を通して学んだ視覚効果を今後どのように生かすことができるかを発表する場を設定する

（堀口 宏章）

14 私のオリジナル〇〇シリーズ切手
～自分の好きなひと・もの・こと～

📖 題材の紹介

本題材では，右図のような4枚綴りの切手をデザインする。切手の元来の役割は「郵便料金の前納」であるが，一方で「情報や気持ちを伝える」といった趣向性を

もつものが多い。「自分の好きなひと・もの・こと」をテーマとし，自分の表したい「情報や気持ち」を切手のデザインとして発信することで，「自分の思いや意図」を分かりやすく表現することの大切さを学ぶことのできる題材。

🕐 時間：16時間完了

1 目標

・自分の思いや意図を分かりやすく表現するために，手順などを総合的に考え，材料の特性などを生かして工夫するなど，制作の見通しをもって表現することができる。**(知識及び技能)**

・伝達デザインの特性をふまえ，他者の意見を聞き入れたり，共感が得られるように客観的な視点で考えてみたり，4枚の絵のつながりを考えて作品全体と部分の構成や表現効果などについて構想を練ったりしながら表現することができる。　　　**(思考力，判断力，表現力等)**

・多くの人が共通に感じる形や色彩などによる表現効果の美しさに注目するとともに，楽しさや遊び心などをもって表現活動に取り組んでいる。　　　**(学びに向かう力，人間性等)**

2 準備物等

教師：切手シート（様々なシリーズの切手シートが流通しているので，4枚の絵のつながりを考えて作品全体の構想を考える上で有効に働くと考える），

使用済みの切手（様々な表現の切手が流通しているので，切手の繊細な表現を感じ取り，豊かな発想を生み出すのに有効に働くと考える），

A4版のワークシート，スキャナー・プリンター等（A4版のワークシートを縮小し，切手大の大きさで印刷することで，実際の切手のように密度の高い表現を再現することができる），実物投影機

生徒：自分の趣向に合わせた資料（写真・参考書・図鑑など），色鉛筆

③ 評価シート　私のオリジナル○○シリーズ切手

評価項目	評価場面	評価規準	評価
知識・技能	③⑥	自分の思いや意図を分かりやすく表現するために，手順などを総合的に考え，材料の特性などを生かして工夫するなど，制作の見通しをもって表現することができる。	
思考・判断・表現	②④	伝達デザインの特性をふまえ，他者の意見を聞き入れたり，共感が得られるように客観的な視点で考えてみたり，4枚の絵のつながりを考えて作品全体と部分の構成や表現効果などについて構想を練ったりしながら表現することができる。	
主体的に学習に取り組む態度	⑥⑦	多くの人が共通に感じる形や色彩などによる表現効果の美しさに注目するとともに，楽しさや遊び心などをもって表現活動に取り組もうとしている。	

✎ 授業づくりのアドバイス

　本題材は，「自分の好きなひと・もの・こと」をテーマにして，切手のデザインをするため，題材の最初から最後まで，生徒の「美しく表現したい，分かりやすく伝えたい」という学びに向かう意欲であふれていました。「自分の表したいこと＝自由」と，生徒には，捉えられてしまいがちになるので，どこを自由にして，どこに条件を加えるのかを教師が適切に見極めて，より主体的な学びを促す必要があります。

そこで，指導で特に強調したいことは，以下の2点です。

・デザインすることはイメージを形にすることであり，単に感覚のままにかくものではなく，多くの人が共通に感じる形や色彩などによる表現効果の美しさに注目するとともに，楽しさや遊び心などをもって発想すること。

・切手1枚の単体ではなく4枚綴りの構成なので，作品のもつ意味や背景，物語性をかき，4枚の絵のつながりを考えて作品全体と部分の構成や表現効果などについて構想を練ること。

　制作が始まると，生徒は自分の趣向に合わせた独特の世界観をつくりあげ，切手のデザインに没頭する姿がありました。また，作品を発表し，鑑賞し合う場面では，どの生徒も自分の作品の制作意図を述べる姿が輝いていました。ぜひ，実践してみてください。

4 指導過程

①サムネイルスケッチをかこう（発想）

・4枚構成だから，私の好きな果物と四季を
　テーマに切手をつくろうかな

・人類の進化の過程を4枚の切手で表現し
　ようかな

・世界の絶景を切手にか
　いて，みんなに知って
　もらいたいな

②本物の切手を見てみよう（鑑賞）

・本物みたいにリアルにかいてある切手の絵
　がある

・今まで切手シートを気にしてみたことがな
　かったけれど，シリーズになっているとお
　もしろいな

・いろいろな表現がある
　けど，統一感も大切な
　要素だな

③アイデアスケッチをかこう（構想）

・画面全体を使って，ダイナミックに表現し
　ている切手もあったから，まねしてかいて
　みよう

・すごくリアルにかいて
　ある切手が気に入った
　から，自分もリアリテ
　ィを追求してみたいな

④アドバイス活動をしよう（鑑賞）

・自分では分かりやすくかいたつもりだった
　けど，他の人から見たら，まだまだ伝わり
　にくいということが分かった

・グループの友人のアイデアスケッチのグラ
　デーションの表現が，とてもよかったから
　私も使いたいな

→ 指導ポイント①

・切手のテーマである「自分の好きなひと・
　もの・こと」をワークシートに語句で書き
　出させ，シリーズのテーマを考える

・いくつか思い浮かんだ中からテーマを絞っ
　て，4枚綴りの構成でサムネイルスケッチ
　をかく

・サムネイルスケッチでは，色鉛筆を用いて
　実際の切手のサイズ（A11サイズ）でかく

→ 指導ポイント②

・市販されている切手の構成や表現方法など
　のデザインの表現効果に焦点を当てて鑑賞
　させることで，多様な表現を知ったり取り
　入れたりできるようにする

・市販されている切手を鑑賞し，構成や表現
　方法を工夫することで，自分の思いや意図
　を分かりやすく表現できることに気付く

→ 指導ポイント③

・前時の鑑賞で学んだことを自分の表現に生
　かして構成や表現方法を工夫することで，
　自分の思いや意図を分かりやすく表現でき
　ることを実感できるようにする

・この過程では，具体的なめあてを決めたり，
　計画は立てたりせずに制作を行い，アイデ
　アスケッチをかく過程で困ったこと（問題
　点や改善点）を見つける

→ 指導ポイント④

・アイデアスケッチを用いてアドバイス活動
　を行い，工夫したことや困ったことについ
　て発表し，互いに意見を出し合う

・主観にとらわれず，他者の見方や感じ方を
　意識して表現を捉え直す

⑤自分の制作のめあてを決めよう（構想）

・アイデアスケッチでは，かき込みが甘かったら，本制作では丁寧に細かい部分までこだわってかこう

・アドバイス活動で，指摘してもらった部分を中心に直して，もっと分かりやすくして，見る人に伝わりやすいデザインにしよう

・自分のめあてを決めれば，何をどう表現するのかという一貫性が出るな

⑥表現の見通しをもって制作しよう（表現）

・グループの友人が自分の見通しを聞いてくれて，心配なところを教えてくれるから，安心感をもって制作に取り組める

・自分が困ったときは，グループの友人に気軽に聞けるからいい

・友人にアドバイスできたときは，「自分が役に立っている」と感じる

⑦友人の作品を鑑賞しよう（鑑賞）

・みんなの作品を見ると，どれも素敵なものばかりで，本物の切手みたい

・それぞれのテーマに工夫があって，実際に切手になったら自分も買って集めたくなるな

＜完成作品例＞

➔ 指導ポイント⑤

・自分なりの考えや，他者からの意見を取捨選択しながら自分の表したい感じを言葉で整理して「自分のめあて」を設定する

・「何をどのように表現したいのか」といった視点で表現を見直すことで，課題意識をもたせ，本制作では，自分の表したい感じを確認したり，振り返ったりしながら制作を進められるようにする

➔ 指導ポイント⑥

・制作の始めにグループで表現の見通しを話し合う

・自分の見通しに共感が得られれば安心や自信につながり，異なる提案がなされれば新たなイメージを膨らませるきっかけとなる

・話し合いを通じて，表現の見通しをもって制作に取り組む

➔ 指導ポイント⑦

・作品の大きさが小さいため，プロジェクターや，テレビモニターなどに大きく投影して発表を行うようにする　　　　（三浦　英生）

15 学校生活向上ピクトグラムをつくろう〜前芝っていいな！〜

📖 題材の紹介

　学校の最高学年として，どうしたら学校環境がよくなるのかを考える中で，視覚的な学校環境に目を向けさせ，幅広い年齢の方にも伝わるようなピクトグラム制作を設定した。卒業を控えた生徒たちに，これまでの学校生活を振り返らせながら，卒業する学校をさらに向上させたいと思いを高めて制作ができる題材。

🕐 時間：8時間完了

1　目　標

・形の特性や色彩の効果・意味を生かして，ひと目で内容が伝わるように工夫して表すことができる。　　　　　　　　　　　　　　　　　　　　　　　　　　　　（知識及び技能）

・分かりやすく伝えられるピクトグラムの表現を工夫し，画面構想をすることができる。

（思考力，判断力，表現力等）

・ピクトグラムなどの視覚デザインなどの多くのデザインが暮らしを豊かにしていることに気付き，自らも豊かな生活を創造していこうとする。　　（学びに向かう力，人間性等）

2　準備物等

教師：ケント紙（20センチ×20センチ），配色カード，ワークシート，ピクトグラム参考資料
　　　（資料1）

生徒：絵の具セット（アクリルガッシュ），色鉛筆（アイデアスケッチを考えるため），定規，
　　　コンパス，三角定規

資料1　ピクトグラム紹介についての板書

3 評価シート　学校生活向上ピクトグラムをつくろう

評価項目	評価場面	評価規準	評価
知識・技能	①④⑥	形の特性や色彩の効果・意味を生かして，ひと目で内容が伝わるように工夫して表すことができる。	
思考・判断・表現	③④	分かりやすく伝えられるピクトグラムの表現を工夫し，画面構想をすることができる。	
主体的に学習に取り組む態度	②⑤⑦⑧	ピクトグラムなどの視覚デザインなどの多くのデザインが暮らしを豊かにしていることに気付き，自らも豊かな生活を創造していこうとしている。	

✐ 授業づくりのアドバイス

　今回の制作を通して，生徒は様々な人に見てもらえる喜びを知ることができました。多くの人に見てもらうということから，作品に対してこだわりをもって制作することができていたように感じます。そして，何より学校をよりよくしたいという思いが伝わる作品を完成することができました。自分たちの作品を通して，最高学年として学校を変えていこうという気持ちを深め，最高学年としての自覚をもつことにつなげることができました。中学校卒業を控えた生徒におすすめの題材です。

　指導で特に強調したいことは以下の2点です。
・自分の伝えたい思いを明確にもち，作品制作をすること。
・相手が見て「分かりやすい・見やすい」ピクトグラムにすること。

　生徒の思いを大切にして，作品制作をすれば，生徒も最後まで精いっぱい制作することができます。生徒にとって思い出に残る作品になると思いますので，ぜひ実践してみてください。

4 指導過程

①ピクトグラムの特徴を考えよう（導入）
- ・使われている色は少ないね
- ・見やすくはっきりした色を使っているね
- ・動きを上手に表しているね
- ・形を単純にしているね
- ・伝えたいことが大きくかかれているね
- ・絵だけで誰にでも分かるようにしているね

②学校がどうしたらよりよくなるのかを考えよう（イメージづくり）
- ・お年寄りが多いからお年寄りに優しい学校
- ・水やりを毎日する学校
- ・地域の方にもあいさつをする学校
- ・保育園・小学校・中学校が仲よくする学校
- ・大きな声で歌を歌う学校
- ・清掃をしっかりする学校

③アイデアスケッチ（構想）
- ・水やりを毎日しようの「毎日」ってどう表現したらいいかな
- ・大きな声で歌を歌うはどう表そうかな
- ・なるべくシンプルにして遠くから見ても分かるようにしたいな
- ・本をたくさん読むイメージをどのように表現しようかな

④色を考えよう（構想）
- ・色によってイメージって変わるね
- ・目立つ色にして，多くの人が見てくれる作品にしたいな
- ・小学校のイメージを残して，画面は黄緑を塗ってみようかな

➔ 指導ポイント①
- ・身の回りにあるピクトグラムを提示することで，生徒に親近感をもたせる
- ・色彩・形についての特徴を捉えやすいピクトグラムを選び，生徒が色彩・形について考えられるようにする

➔ 指導ポイント②
- ・保育園・小学校・中学校に掲示することを伝え，様々な人がピクトグラムを見ることを考えさせる
- ・学校の現状，何が足りないか何が必要なのかを考えさせ，作品づくりにつなげる
- ・自分の考えを言葉で表すことにより，伝えたい思いを明確にさせる

➔ 指導ポイント③
- ・伝えたい思いが伝わるようにするには，どのように表現すればよいのかを考えさせる
- ・画面にかくものを取捨選択しながら画面構成をする
- ・アイデアスケッチ（形のみ）をかいたとき，生徒の作品を用いて，クイズを行う
- ➔伝えたい思いが違っても，同じ形で表現されているアイデアスケッチに注目し，形の表し方の難しさを知ることができる

➔ 指導ポイント④
- ・使う色で印象が変わることに気付かせる
- ・同じピクトグラムでも，色の違いによって意味が変わってくるものを紹介して，色の重要性を考えさせる
- ・色については，「赤・黄・青・緑・紫・橙」の6色を紹介する

⑤中間鑑賞会（鑑賞）

・「本をいっぱい読もう」を伝えたいけど「いっぱい」をどうやって表したらよいか分からないな

→本を大きく書くといいよ
　本をずらして置くと，読んでいる感じが伝わると思うよ

・「大きな声で歌を歌おう」を伝えたいけど，「みんなで歌っている様子」を伝えるためにはどうしたらよいか教えてほしい

→みんなで歌っている感じを表すなら，人をたくさん入れるといいね
　歌う表情をそれぞれ変えるといいかな

・遠くから見て分からないから，もっと形を単純にしたほうがいいと思うよ

・黒色を多く使うと暗い印象になるから，白色を使うと印象が変わるかもしれないね

⑥本がき・着彩しよう（表現）

・みんなのアドバイスのおかげで，分かりやすくなったな

・色むらが出ないように表現しないといけないな

⑦完成した作品を鑑賞しよう（鑑賞）

・本がずれていてリアルにかかれているね

・色合いが鮮やかで，見る人も明るい気持ちになるピクトグラムだな

・補色が使われていて，遠くからでも目立つ作品になっているな

⑧作品を中学校や小学校に掲示して多くの人に見てもらおう

・小学生から上手ってほめられたよ

・地域の人から分かりやすいねって言われたよ

→ 指導ポイント⑤

・グループ構成は，伝えたい思いの違う生徒同士として，新鮮な目で見て互いにアドバイスをし合える環境をつくる

・話し合う視点を決めて，その視点について話し合いをする

【話し合いの視点】

①誰が見ても分かりやすいか

②画面構成・色の効果は適切か

③自分の伝えたい思いが伝わるか

・形を表すときに，どのようにかいたらよいか分からない生徒には，お助けくん（紙人形）を用いて，目で見て，動きが分かるようにする

お助けくん
（紙人形）

→ 指導ポイント⑥

・ピクトグラム制作は，分かりやすさ・見やすさが大切だということを意識させ，形や色塗りをさせる

・色彩では，アクリルガッシュの水を足す量を考えさせる

→ 指導ポイント⑦

・中間鑑賞会と同じように視点を明確にして話し合わせる

【話し合いの視点】

①誰が見ても分かりやすいか

②画面構成・色の効果は適切か

③自分の伝えたい思いが伝わるか

→ 指導ポイント⑧

・地域の方も参加する学校行事の前に展示をすることで，多くの方に作品を見てもらう

（村田　唯菜）

16 俺字・私字……俺紋・私紋
〜ランプシェイドに自分らしさを〜

📖 題材の紹介

本題材は名前の一文字をデザインする「俺字・私字」と，将来の夢と今の自分を表した「俺紋・私紋」で構成されている。中学3年生となり，これまで将来のことを現実的に考える機会がなかった生徒が，進路説明会や希望調査などを経て，少なからず不安になる時期だからこそ，これまでの自分を振り返り，新たな一歩を踏み出す機会となる題材。各デザインはランプシェイドの壁面として内側から明かりを灯す。

🕐 時間：8時間完了

1 目標

・家紋がシンメトリー・アクセントなどの平面構成要素を用いて構成してあることに気付き，それを利用して作品の質を高めることができる。　　　　　　　　　　　　　　（知識及び技能）

・自分の名前に含まれている漢字一文字から，自分の名前に込められた思いをもとに，自分なりに発想し，構想を練ることができる　　　　　　　　　　（思考力，判断力，表現力等）

・作品を制作する中で，自分に関わる人に感謝の気持ちをもち，自信をもちながら表現しようとする。　　　　　　　　　　　　　　　　　　　　　　（学びに向かう力，人間性等）

2 準備物等

教師：漢和辞典，文字サンプル，家紋サンプル，平面構成説明用サンプル，ワークシート，実物投影機

※本題材はデザインを中心として学ぶ。デザインした図柄は業者により木材加工（レーザーカッターによる）され，四角錐に組み立て，下からLEDライトで明かりを灯すランプシェイドとする。

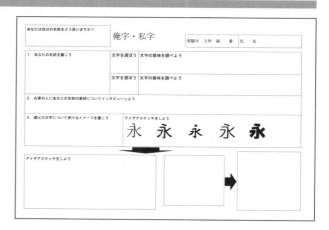

「俺字・私字」のワークシート

3 評価シート　俺字・私字……俺紋・私紋

評価項目	評価場面	評価規準	評価
知識・技能	②⑨	「俺字・私字」では自分の名前の意味を調べ，作品つくりに生かすことができる。 「俺紋・私紋」では家紋について学び，家紋に活用されている構成要素を自分の作品に生かすことができる。	
思考・判断・表現	④⑩	「俺字・私字」では文字の意味やおうちの人からの思いを作品に生かして作品づくりを行うことができる。 「俺紋・私紋」ではモチーフを生かして平面構成を意識した作品を構想することができる。	
	⑥⑪	「俺字・私字」では文字の特徴を生かして，思いを込めた文字をデザインすることができる。 「俺紋・私紋」では，平面構成を意識した上で自分らしいモチーフでデザインすることができる。	
主体的に学習に取り組む態度	⑧⑬⑭	友人の作品の思いを知った上で，作品のよさを味わおうとしている。	

✏ 授業づくりのアドバイス

　この題材は自分の名前から一文字選び，文字のデザインを行う「俺字・私字」と，自分を表す紋章「俺紋・私紋」をデザインする活動を行います。文字のデザインでは，中学３年生となり，これまでは将来のことを現実的に考える機会がなかった生徒が，将来の進路に少なからず不安になる時期だからこそ，これまでの自分を振り返り，新たな一歩を踏み出す機会にします。「俺字・私字」のデザインでは，自分の名前の由来について親と話をする中で，自分の名前に込められた思いを知ります。また，親が子に向ける深い愛情に，感謝の気持ちをもち，名前に対しての愛情がわき，よい作品をつくろうとする制作意欲が持続することが期待できます。また，文字そのものがもつ意味を調べ，文字に対しての知識を深めます。これらの活動をじっくり行うことで，文字への愛着が深まり，その後の作品づくりへの強い意欲へとつなげることが期待できるでしょう。「俺紋・私紋」では，これからの自分を表現する作品を制作します。最初に，家紋について学び世界でも評価の高いシンプルかつ美しいデザインを味わいます。「俺紋・私紋」づくりでは，これからの自分を表現するためにマッピングを行って発想を広げます。将来への不安ではなく，今がんばっていることや将来の夢などを語ることで，前向きな思いが作品に表現されるようにします。今の自分に適したモチーフを選定し，平面構成等を用いて制作することで，自分の思いが造形的にも質の高いものとなり自信へとつながります。発想を広げる手立ては違いますが，２つの作品を同じ段階を追って確実に制作することで自分の思いに自信をもって表現できる題材です。

4 指導過程

① 「俺字・私字」ってなんだろう
（イメージづくり）

・なんだかおもしろそうだな。どんなふうに
デザインしようかな

・自分の名前をデザインする？

②文字の意味を調べよう（発想）

・自分の名前の意味，よく知らなかったな

・いろんな意味があるけどやはりやわらかい
イメージの作品にしたいな

③親にインタビューしよう（発想）

・名前の由来を知って自分の名前が好きにな
ったな

④文字からうけるイメージを書こう（構想）

・おうちの人の思いを文字に込めよう

・ひらがなは，やわらかいイメージだな

・明朝体をくずして作品にしようかな

⑤作品を分類しよう（構想）

・字を分解して再構築するとデザイン的にお
もしろい形になる

・文字自体を少し単純化してみよう

⑥「俺字・私字」を完成しよう（表現）

・明朝体や行書体を基本に，強調したり，単
純化したりしてインパクトを出そう

⑦中間鑑賞は小グループで行おう（鑑賞）

・思いが形になっていてすてきだな

・文字の曲線にこだわってつくっているね

⑧最終鑑賞は学級全体で行おう（鑑賞）

・作品を見ていると名前に対する思いが深い
ことが分かってくるな

・おうちの人の思いが形に取り入れてあるな

➡ **指導ポイント①②**

・漢和辞典を使い文字の意味を調べることで
文字に対しての知識を深める。これらの活
動をじっくり行うことで，文字への愛着が
深まり，その後の作品づくりへの強い意欲
へとつなげられると期待できる

➡ **指導ポイント③**

・自分の名前の由来について親と話をする中
で，自分の名前に込められた思いを知る。
また，子に向ける深い愛情に，感謝の気持
ちをもち，名前に対しての愛情がわき，よ
い作品をつくろうとする制作意欲の持続に
つながる

➡ **指導ポイント④⑤⑥**

・アイデアスケッチを行う際，文字の「デザ
イン」「モチーフ」「配置」の3点を押さえ
ることで，造形的に美しい作品をめざす

➡ **指導ポイント⑦⑧**

・少人数の鑑賞会では，付箋にどのポイント
についてのアドバイスか分かるようにして
直接アドバイスを書き，具体的なスケッチ
をかく欄を設ける。アドバイスが手元に残
ることで，何度も見返すことができるよう
にする

・全体鑑賞会を行う
ことで，多くの友
人から認められて
いることを実感で
きるようにする

名前の一文字 "円" を使い
デザインされた私字（おう
ちの人の，思いがデザイン
に生かされている）

⑨家紋について学ぼう（知識）

・家紋って，よく考えられているなあ

・杉の葉っぱと花をデザインの中に取り込むよ。左右対称のほうが作品が安定するな。シンメトリーを工夫しよう

⑩俺紋・私紋をつくるために，マッピングをしよう（発想）

・パッと見ただけでは，白と黒でさみしい感じがしたけど，分析してみるといろんな要素が含まれていてるのにシンプルだな

・海や波をモチーフにしよう

・将来の夢もいいけど，今の自分が一番夢中になっているものを表現したいな

⑪モチーフを生かして俺紋・私紋を考えよう（構想）

・海を表すには波をモチーフにしよう

・好きな釣りをモチーフとした俺紋にしよう

⑫「俺紋・私紋」を完成しよう

・自分の好きなものを左右対称にレイアウトすると自分オリジナルの紋になるね

・大好きな釣りをモチーフにするよ

⑬友人の作品を鑑賞して，お互いにアドバイスをする（鑑賞）

・戦国武将の家紋もいいけど友人の紋はその子らしさが見えてすごくおもしろいな

⑭みんなの作品を展示して多くの人に見てもらう（鑑賞）

・俺字・俺紋が1つの作品に取り込まれていてすごくおもしろい

・中から光が漏れて字や紋がすごく美しい

→ 指導ポイント⑨

・家紋を鑑賞することで，様々な平面構成の要素を確認し，作品に生かすように，特徴のある家紋を提示する

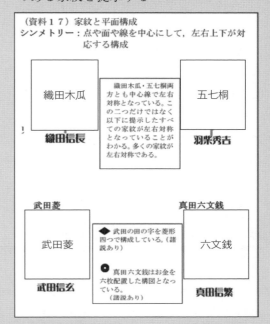

（資料17）家紋と平面構成
シンメトリー：点や面や線を中心にして，左右上下が対応する構成

→ 指導ポイント⑩

・マッピングの方向を（得意・夢中・不安）の3点に絞ることで，今の自分に迫るよう助言する

→ 指導ポイント⑪⑫

・「俺字・私字」⇒「俺紋・私紋」と2つのデザインを行うのだが，発想⇒構想の方法は違うが，似た工程で作品をつくることで，思い通りの作品づくりができる

→ 指導ポイント⑬⑭

・中間鑑賞はアドバイスを促すために，グループでの鑑賞会とする。また，完成後の鑑賞会は暗室で明かりを灯し行う。幻想的な光の作品で全体鑑賞会を行うことで，多くの友人から認められていることを実感できるようにする

（松橋 克）

17 オリジナル文様づくり 〜無限のつながり〜

📖 題材の紹介

　自然の形を単純化することによって文様をデザインし，それが連続する形を考える。そのために，トレーニングとして幾何学文様を並べ替えて試行錯誤するパズルを行うことで連続文様づくりのイメージを膨らませる。そして，同じ絵を4つ並べて考えたり，組み合わせを変えたりすることで，変化する形を確かめながら，美しい連続文様の形を見つけ出す。

そこで見つけた形を，陰と陽による印象の違いを意識してゴム版に転写し，彫刻刀で彫る。アクセントを意識して配置・配色をして，さらし布に押すことで手ぬぐいに仕上げる。日本に伝わる連続文様の鑑賞を通して連続する文様のよさを味わわせ，単純な形が連続することで生まれる美しさや，私たちの生活に文様がたくさん使用されていることに気付かせる題材。

🕐 時間：11時間完了

1 目 標

・ゴム版を文様に合わせて彫刻刀で彫り，連続する形を生かした配置や配色で，美しい装飾文様をつくることができる。　　　　　　　　　　　　　　　　　　　　　　　（知識及び技能）

・単純化しながら，連続性を意識した文様のデザインを練ることができる。

（思考力，判断力，表現力等）

・日本の伝統的な文化や美術作品に興味をもち，意欲的に文様づくりに取り組もうとしている。

（学びに向かう力，人間性等）

2 準備物等

教師：彫刻刀（ゴム版を彫るために使うので，デザインナイフでもよい），ゴム版（正方形5cm×5cm），スタンプインク（12色用意した），手ぬぐい，5cm方眼のB紙（手ぬぐいの下に敷いて，ゴム版を押すときの基準にする），5cm四方のトレーシングペーパー，ワークシート①（アイデアを考える），②（1ユニットを見つける），1ユニットのつなげ方をトレーニングするためのカード，参考資料

3 評価シート　オリジナル文様づくり

評価項目	評価場面	評価規準	評価
知識・技能	⑥⑦	ゴム版を文様に合わせて彫刻刀で彫り，連続する形を生かした配置や配色で，美しい装飾文様をつくることができる。	
思考・判断・表現	⑤	単純化しながら，連続性を意識した文様のデザインを練ることができる。	
主体的に学習に取り組む態度	①〜③	日本の伝統的な文化や美術作品に興味をもち，意欲的に文様づくりに取り組もうとしている。	

✐ 授業づくりのアドバイス

　日本の連続文様のよさや美しさを味わわせるために，日本伝統の連続文様の鑑賞・ユニット探し・連続文様をつくるゲームを題材の前半に行いました。これらの活動は，生徒たちにとって連続文様に興味をもち，理解することに有効であったと感じました。また，ワークシートのマス目を４マスに見直したり，改良ポイントを話し合ったことで，つながりを意識したり，アイデアの改良をしたりする生徒が増えました。

　「連続」という条件を付けたことで，生徒がつながる方法を試行錯誤しながら制作を進めることができました。私自身も事前に試作品をつくったときに，１ユニットをつなげたときにできる予想外の連続文様に心踊らされ，いろいろなアイデアを考えたくなりました。しかし，モチーフを「自然物」に限定したことで，自然に触れ合うことの少ない生徒は，マッピングの段階でつまずきを感じていました。日本の自然の美しさを表現させられるよう，もっと自然に目を向けさせられるような時間や支援をするとよいでしょう。

　ゴム版は，彫りやすく配置や配色も変更しやすいと考え教材に選びました。しかし，アイデアを転写し，それを彫刻刀で彫る過程で多少のずれが生じ，手ぬぐいに押し並べても，つながりがずれてしまう生徒も出てきます。生徒の実態の把握，支援に気を配りましょう。

4 指導過程

①**手ぬぐいや連続文様の魅力を知ろう**
（鑑賞・調べ学習）

・こんな模様どこかで見たことあるな

・「文様」っていうのか

・意味や願いが込められていて，デザインの
　元となるモチーフがあるのか。自然のもの
　が図案化されているものが多いな

・文様が連続するとすごいな。文様や手ぬぐ
　いについてもっと知りたいな

②**1ユニットを発見しよう（鑑賞）**

・文様の多くが連続しているものが多かった

・連続文様を構成している1つの文様を「ユ
　ニット」って言うんだ

・青海波文様の1ユニットはすぐ分かったけ
　ど，千鳥文様の1ユニットは見つけにくい
　よ

・見方によって1ユニットが変わる連続文様
　もあったね

③**1ユニットをつなげて連続文様をつくるゲー
　ムをしよう（鑑賞）**

・扇形の幾何学的な図柄が書かれたカードを
　並べてみるだけだね

・グループでの活動だから，うちの班が1番
　たくさんつくるぞ

・こんなシンプルな形なのに並べ方を変える
　だけで10パターン以上の連続文様がつくれ
　たぞ

・カード自体を回転させると，また違ったパ
　ターンができた

④**マッピング，単純化，平面構成の基本など
　の方法を取り入れよう（知識）**

・自然物って，何があるかな

➡ 指導ポイント①

・身の回りにある日本に伝わる連続文様に気
　付かせる

・教師自作のスライドで文様や手ぬぐいの魅
　力を伝える

・インターネットを活用して，いろいろな文
　様や手ぬぐいについて調べ学習をする

・文様は連続しているほうが綺麗だと気付か
　せる

➡ 指導ポイント②

・連続文様を構成してい
　る1つの文様を「ユニ
　ット」という単位で表
　した

・いくつかの連続文様が
　のったワークシートを
　使い，ユニットを探し，
　赤ペンで囲った

全体と1ユニット

・見方によってユニットが変わることに気付
　かせる

➡ 指導ポイント③

・扇形の図柄がかかれた5cm四方のカードを，
　各班に複数枚準備する

・好きなように並べ替え，何通りの連続文様
　がつくり出せるかを，班で競わせる

・カードの扇形が必ずどこかで接しているこ
　とを条件にする

➡ 指導ポイント④

・日本の文様には自然のものが取り入れられ
　ていることに着目させ，モチーフを自然物
　と限定する

・マッピングを使って自然物を挙げさせる

・文様づくりには形の単純化が必要だね

・定規やコンパスを使うといいね

・同じ形が繰り返されているから，これはリピテーションだね

⑤連続を意識して文様をデザインしよう
（発想構想，技能）

・モチーフは植物のつるにしようかな。オレンジは輪切りにした形がかわいいな

・連続文様だから，つながりをどうつくるかが肝心だね

・僕は「図」と「地」の形が同じになるようにつながりを考えよう

・エッシャーのような作品にしたいけど，難しいなぁ

・ユニットを4つ並べるとつながり方が分かるね

・前回やったカードを並べるゲームのように，ユニットを回転させたら新たなつながり方を発見したぞ

・同じユニットをいくつもかくのは大変だな

・もっと形やつながりを工夫したいな

・2つの改良ポイントを意識したら，新しいつながり方ができたぞ

⑥ゴム版に転写して彫る（技能）

・どこの部分に色が着くといいかな

⑦配置や配色を考えて，手ぬぐいに押す

・同じ形を同じ向きで並べ続けるのは「リピテーション」だね

・「アクセント」として，一部分の色を変えてみようかな

・スタンプをずれないように押し続けるのは大変だ

・連続文様には現代の単純化や平面構成の基本が使われていることを取り上げ，定規やコンパスが使えることに気付かせる

➜ 指導ポイント⑤

・「つながり方で分類した表」を提示し，「何をモチーフに・どのようなつなげ方をしたいのか」を確認させた

・つながりを容易に確認できるように，アイデアスケッチの枠を1マスから4マス1セットに変更した

つながりで分類

・5cm四方のトレーシングペーパーを用意し，短時間で形を写し取って確かめられるようにした

・工夫の見られる生徒のアイデアを取り上げ，2つの改良ポイント「①つながっている部分の始めと終わりをそろえる」「②地（余白）の形を活用する」を伝える

改良①

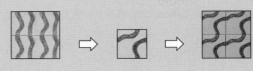

改良②

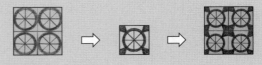

➜ 指導ポイント⑦

・配置や配色に平面構成の基本が取り入れられることを伝える

・スタンプがずれないように，罫線を引いた用紙の上に手ぬぐいを敷いた

（後藤 悠介）

18 生活に役立つピクトグラム制作〜めざせ！世界基準！〜

📖 題材の紹介

　ピクトグラムとは，文字や文章の代わりに，情報が一目で分かるように図案化された視覚記号や絵文字のことである。本単元は，実際に校内に掲示するためのピクトグラムの制作を通して，多くの人に情報を分かりやすく伝えるための知識や技能（形の単純化や強調，色の感情効果）について学ぶことができる題材。また，作品を相互で鑑賞し，アイデアや表現の工夫などのよさを認め合ったり，授業で制作した作品が実際の学校生活の中で生かされる経験をしたりすることで，他者から認められることによる自己有用感の高まりも期待できると考える。

🕐 時間：8時間完了

1　目　標

・多くの人に情報を分かりやすく伝えるため，形の単純化や強調，色の感情効果を生かして表現することができる。　　　　　　　　　　　　　　　　　　　　　　　　（知識及び技能）
・視覚的に訴えることができるピクトグラムに共通する特徴を理解し，伝えたい情報について自分のイメージにあった表し方を工夫している。　　　　　　（思考力，判断力，表現力等）
・生活の中にあるデザインの構成や工夫された表現に興味をもち，自分の制作に生かそうと主体的に考え，他者に発信しようとする。　　　　　　　　（学びに向かう力，人間性等）

2　準備物等

教師：ワークシート，配色カード，
　　　相互鑑賞用の付箋紙，
　　　各種資料，5ミリ方眼用紙（B4）
生徒：絵の具セット（アクリルガッシュ），デ
　　　ザインセット

3 評価シート　生活に役立つピクトグラム制作

評価項目	評価場面	評価規準	評価
知識・技能	③⑤	多くの人に情報を分かりやすく伝えるため，形の単純化や強調，色の感情効果を生かして表現することができる。	
思考・判断・表現	②④	視覚的に訴えることができるピクトグラムに共通する特徴を理解し，伝えたい情報について自分のイメージにあった表し方を工夫することができる。	
主体的に学習に取り組む態度	①⑥	生活の中にあるデザインの構成や工夫された表現に興味をもち，自分の制作に生かそうと主体的に考え，他者に発信しようとしている。	

✏ 授業づくりのアドバイス

　生徒たちはピクトグラムの制作を通して，情報を分かりやすく伝えるためのデザインについて学ぶことができました。また，その知識を活用し，作品を相互で鑑賞する場面において，しっかりと意見交換することができました。友人から認められた経験は自信へとつながり，今後の表現活動につなげていくことができる題材となりました。

　課題としては，図案の単純化が生徒たちにとって難しく，そのための支援ができなかったことです。「シンプルで無駄がない」状態のイメージを生徒がもてなかったことも原因であったと考えます。そこで，具体例を示す活動を行うとよいでしょう。例えば，「幾何学図形を用いて，どの程度の組み合わせで人物が表現できるか」といったことをゲーム形式で行えば，「単純化」や「シンプル」といった感覚が，生徒たちの中でもう少し具体的になると思います。

　美術では，生徒が『根拠のあるこだわり』をもつことが，表現することへの自信につながっていきます。この部分を根本的な課題として，今後も生徒たちが徹底的にこだわれるような授業づくりの工夫をしていきたいと思っています。

4 指導過程

① **ピクトグラムってなんだろう**
  （ピクトグラムについて知り，関心をもつ）

・情報を理解しやすくするための絵文字のようなものなんだね

・オリンピックでも，たくさん使われていたんだね

・住む国や言語が違っても，何を伝えたいかが一目で分かるよ

② **学校内に必要なピクトグラムを考えてみよう（構想）**

・ピクトグラムは，色や形の違いで，何種類かに分類することができるよ

・「禁止」，「注意」，「指示」，「場所」の４つのカテゴリーに分けてみよう

・校内でピクトグラムがあるといい場所って，どこだろう

・「保健室」や「図書室」など，マッピングでキーワードを増やしていこう

・注意を促したり，方向を示したりするピクトグラムも必要だね

③ **ピクトグラムに共通する特徴を考えて，アイデアスケッチをかいてみよう（構想）**

・形はシンプルで無駄がないもののほうが分かりやすいね

・中心が大きくかかれていると，バランスよく見えるね

・色使いも，イメージに合うように工夫されているんだね

・４つに分類したカテゴリーの中から，まずは自分のテーマを１つに絞ろう

・自分の作品が学校のどこかに貼られて，誰かの役に立つかもしれないな

→ **指導ポイント①**

・オリンピックに使用されたピクトグラムを紹介する。また，普段の生活で目にする身近なピクトグラムをクイズ形式で提示する

・クイズの序盤は，普段目にする機会が多い簡単なものから出題し，次第に難しくしていく

→ **指導ポイント②**

・ピクトグラムをランダムに黒板に貼り，「共通する特徴を見つけて，分かりやすく分類することができないかな」と発問する

ピクトグラムの分類に挑戦

→ **指導ポイント③**

・一般的なピクトグラムには，形の単純化や強調，色の感情効果など，デザインの構成や表現に共通する特徴や工夫があることに気付かせる

・完成した作品は最終的に校内に掲示することを伝える

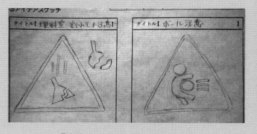

「注意」のアイデアスケッチ

④ピクトグラムのデザインをもっとよくしたい（構想）

・日本の非常口のピクトグラムが世界基準だなんて，知らなかった
・確かに非常口のマークは，シンプルで無駄がなくて，人物が何をしているところか分かりやすいね
・初めて来校した人が遠くからでも分かりやすいように，もっと人物の形を強調してみたらどうだろう
・友人からアドバイスをもらって，よりシンプルで分かりやすいアイデアスケッチをかくことができたよ
・きっと自分だけだと思いつかないアイデアだったな

⑤色を塗って，ピクトグラムを完成させよう（表現）

・非常口の緑色は，安全に避難するための工夫なんだね
・効果的な配色に挑戦してみたいな
・色むらなく，はみ出さないように丁寧に塗ることが大事だったな

⑥お互いの作品を鑑賞しよう（鑑賞）

・自分のアドバイスを参考にしてくれて，うれしいな
・「いいね！付箋」をたくさんもらうことができたよ
・自分のピクトグラムがみんなに分かってもらえたので，安心した
・今回いろいろなアドバイスをもらって，人に伝わるデザインがどのようなものか分かった気がする
・自分では思いつかないような表現やアイデアをたくさん見ることができたよ

➜ 指導ポイント④

・なじみのある「非常口のピクトグラム」のデザイン性について検討する場を設けることで，情報がより伝わるようにアイデアスケッチを見直すきっかけとする
・「禁止」，「注意」，「指示」，「場所」の４つのカテゴリーにまとめた４，５名の小グループでの意見交換の場を設ける

➜ 指導ポイント⑤

・「シンプルで無駄がない（単純化）」，「中心が大きくかかれている（強調）」，「効果的な配色になっている（色の感情効果）」といった特徴や工夫を板書などで示していくことで，制作中に視点がぶれないようにする

非常口のピクトグラムについて検討

➜ 指導ポイント⑥

・友人の作品について記述した「いいね！付箋」を交換する場を設けることで，互いの作品のよさを認め合い，自信をもてるようにする。
（近藤 亘）

相互鑑賞の様子

19 視覚的に想いを伝える ～コマーシャルボード～

📖 題材の紹介

　1年生で学習したレタリング・彫刻・工芸の基礎的な知識・技能を効果的に活用できる作品づくりに取り組む題材。

　小学校時に電動糸鋸盤を使った学習，中学1年生でレタリング学習・彫刻などの立体制作・彫刻刀を使った凹凸を表現する学習を受けた上で学んだこと・できることをどう使うか考えて各自が計画的に制作していくことを目的にしている題材。

＜簡単なプロセス＞
①キャッチコピーをレタリングする。
②中心図柄を木彫のレリーフで表現する。
③額の色も含めバランスを考えた配色を考える。

🕐 時間：12 時間完了

1 目標

・限られた厚さの中で彫りや着色を生かして立体的に表したり，キャッチコピーを美しく効果的な字体や配色でレタリングしたりすることで，見る人を引きつけられるように表現することができる。　　　　　　　　　　　　　　　　　　　　　　　　　　　　　（知識及び技能）

・画面全体のバランスを考えながら，効果的にレリーフ・レタリング・背景の位置や配色を考えることができる。　　　　　　　　　　　　　　　　　　　　（思考力，判断力，表現力等）

・友人の作品から伝えたい想いや表現したい内容を感じ取り，互いの作品のよさを認め合おうとする。　　　　　　　　　　　　　　　　　　　　　　（学びに向かう力，人間性等）

2 準備物等

教師：木のパネル，レリーフ用の板，木ネジ，ヒートン，ワークシート（テーマ発想）
生徒：彫刻刀，木工やすり，ドレッサー，紙やすり（120～240番），木工用接着剤，キリ，絵の具セット（ポスターカラー），新聞紙，水性ニス

3 評価シート 視覚的に想いを伝える

評価項目	評価場面	評価規準	評価
知識・技能	④⑤	アイデアスケッチや画面構成で言葉やイメージから具体的な形を表現することができる。	
	⑥	電動糸鋸盤や彫刻刀を，正しい使い方を理解して，効果的に使用することができる。	
	⑦	ポスターカラーの性質を理解し，用途に合わせて筆を使い分けて，丁寧に着色ができる。	
思考・判断・表現	①～③	自身の興味や関心からテーマ設定・言葉の連想・キャッチコピーの発想に広げていくことができる。	
	④⑤	アイデアスケッチの中から絵柄を選び，大きさや位置のバランスを考え，効果的に画面構成することができる。	
	⑥	削るときに，様々な道具の使い方や効果を判断し，効率的に使いこなすことができる。	
	⑦	キャッチコピー・背景・レリーフ部分・額縁が互いに引き立つような配色を考えることができる。	
主体的に学習に取り組む態度	②③	行き詰まっている友人と情報を共有しながら，発想の手助けをしようとしている。	
	①～⑦	デザインや色の効果やよさを感じ取り，より人の心に伝えられることを意識した発想や表現を追求しようとしている。	

✏️ 授業づくりのアドバイス

　この題材は，教科書や資料集にはのっていません。本校美術科１年生で習得した知識・技能を活用して取り組める題材として独自に考えたものです。各校での美術の系統的学習の観点から今までに身に付けた力を生かせる題材として，また，教科横断的な学習の観点から，他教科や学年・学校行事等で身に付けたことを生かせる題材として，この題材から様々なアレンジやその他の活用方法が考えられると思います。

　中学校２・３年生では，小学校の図画工作・中学校１年生美術で身に付けた基礎の知識や技能を生かし，思考して能力を活用できる題材で作品づくりを考えています。年間35時間の授業の中で，学期に１作品，年間３作品を目標に，分野のバランスも考え，複合的な題材を考えることが，評価の上でも必要だと思います。

4 指導過程

①テーマ決め（導入）

・作品テーマを言葉で考える

　（例）魔法，江戸時代，オリンピック

・好きな季節は→夏

・好きな国は→アメリカ合衆国

・好きな本のジャンルは→冒険・SF

②言葉でイメージ（発想）

・テーマを決定し，テーマから連想できる言葉集め

　（例）夏→かき氷，風鈴，海水浴　等

③キャッチコピー（発想）

・決定テーマからキャッチコピーを考える

　（例）・キラキラの夏にしたければ，キラキラを身につければいい

　　　　・漕ぎ出せば，夏は広がる

④アイデアスケッチ（構想）

・②で出てきた言葉をアイデアスケッチとして絵柄にしたよ

第1時使用プリント例

⑤画面構成（構想）

・レリーフで表すものを決めて，キャッチコピー・レリーフ部分・背景の大きさ・位置を考えてレイアウトするぞ

➡ 指導ポイント①

・具体的過ぎないほうが幅広く発想していけることを伝える

・最初は質問形式で，お題を与え，好きなものを選択して書かせることで，テーマ発想の手助けをする

➡ 指導ポイント②

・例を示すために，1つのテーマを例に挙げて，順番に連想する言葉を全員に発表させる等の手段が効果的である

➡ 指導ポイント③

・インターネット等を活用して，CMや広告のキャッチコピーを参考にすることを苦手な生徒にはアドバイスする

➡ 指導ポイント④

・言葉を絵柄にしてかき集めて，中から使うものを取捨選択させる

第1時に①から③を1枚のプリントにして取り組ませる。

　例を全員で取り組んだ後に，同じ要領で各自が取り組む。

②でテーマから出てきた単語を④のアイデアスケッチで絵柄にしていく。

➡ 指導ポイント⑤

・キャッチコピーの文字数やレリーフ部分の大きさや形を考えて，縦置きか横置きかを選択してレイアウトさせる

⑥レリーフ制作（表現）

・板にレリーフの下絵を写し，電動糸鋸盤を使って輪郭を切るぞ
・ベルトサンダー・木工やすり・ドレッサーを使って大まかな凹凸を付けられた
・彫刻刀で細かな凹凸を表現するぞ
・紙やすりを使って，表面を仕上げたよ
・ポスターカラーを使って，着色したよ

⑦ボード制作（表現）

・ボードに下絵を写したよ
・レリーフの部分は輪郭のみ写し，位置や大きさが分かるようにしたよ
・キャッチコピーのレタリングは一つひとつ丁寧にかいたよ
・背景・キャッチコピー・ボードの枠をポスターカラーで着色したよ

⑧レリーフの固定（展示）

・接着剤と木ねじを使って，レリーフ部分をボードに固定したよ
・接着剤がはみ出さないように接地面に接着剤を薄く塗り込めた

⑨仕上げ（展示）

・ボードの裏面以外は水性ニスを薄く2度塗りして表面を仕上げられた
・展示のためのヒートンを作品上部に取り付けたよ
・作品下に名札を貼り付けたよ

➡ 指導ポイント⑥

・電動糸鋸盤の使用上の注意事項や使うときのコツについて確認する
・表現したいものに合わせて削る道具を選択して取り組ませる
・彫刻刀の使い方や順目・逆目についての確認をしておく

➡ 指導ポイント⑦

・カーボン紙を使用して転写してもよい
・レリーフを実際にボード上に置いて輪郭を取らせるとよい
・下絵用紙にしっかりレタリングができていれば，カーボン紙で転写させる
・水の量に注意させて着色させる。筆を使い分けたり，二度塗りさせたりする

➡ 指導ポイント⑧

・先に厚みのある位置にキリで補助の穴を深さに気を付けて開けさせる
・接着剤の使用のコツを教えることではみ出しやズレを減らす

➡ 指導ポイント⑨

・レリーフを貼り付ける前にボードと別々にニス塗りしてもよい
・縦作品端から3cm内側，横作品端から4cm内側で統一したサイズにする
・展示を意識して取り組ませる
・作品鑑賞の方法はいろいろあるので，生徒の実態に合わせて効果的な手法を選んで行うようにする

（村田 俊広）

作品鑑賞会の様子

20 パッケージデザイン ～みんなだいすきおかし～

📖 題材の紹介

　誰もが大好きな「おかし」のパッケージをデザインする活動を通して，身の回りにあふれているパッケージデザインの工夫に気付かせる題材。「誰に」「どんなときに」食べてほしいお菓子なのかを考えながらオリジナルの「おかし」を生み出させる。そして，そのオリジナルの「おかし」の

参考作品(例：フルーツジャムの入ったチョコレート)

特徴を表現しながらも，対象とした人が思わず手に取りたくなるようなパッケージのデザインをする。身近な「おかし」を題材とすることで，抵抗なく制作に取り組める。

🕐 時間：10 時間完了

1　目　標

・既習事項「構成美の要素」「レタリング」「色彩の効果」を参考にし，アクリルガッシュの特性を生かしながら自分の考えたこと，伝えたい事を表現できる。　　　　　　　　(知識及び技能)

・自分が考えた「おかし」の特徴や味，食べた後の気持ちなどを，色彩や構図を工夫して表現できる。　　　　　　　　　　　　　　　　　　　　　(思考力，判断力，表現力等)

・他者との対話や鑑賞活動を通して，自他の作品の工夫に気付き，生活の中にあふれているデザインについて考えながら制作に取り組んでいる。　　　　　　(学びに向かう力，人間性等)

2　準備物等

教師：参考資料(実際に販売されているお菓子のパッケージ等)
　　　※「大人の○○」や「リッチ○○」など，販売地域やターゲットが変わるとパッケージのイメージも変わってくることに気付かせたい。
　　　パッケージデザイン用の箱（教材カタログより），学習者用ワークシート
生徒：絵の具セット（アクリルガッシュ），ペン類（カラー・細字等），色鉛筆

学習者用ワークシート

3 評価シート　パッケージデザイン

評価項目	評価場面	評価規準	評価
知識・技能	④	コンセプトを明確にしたスケッチがかける。	
	⑦	コンセプトに合った着彩ができる。	
思考・判断・表現	②	自分のつくりたいおかしのイメージをまとめることができる。	
	⑨	自分のつくりたいおかしの紹介ができる。	
主体的に学習に取り組む態度	⑤	友人のアイデアのよいところを伝え合おうとしている。	
	⑧	中間鑑賞を通して着彩の工夫について考えようとしている。	
	⑩	生活の中にあふれているデザインについて考えながら制作に取り組もうとしている。	

✐ 授業づくりのアドバイス

　この題材は，文字をデザインするためのレタリング技術，構成美の要素，色彩の知識や効果，デザインセットの正しい使い方など，多くのデザイン的要素が含まれています。これまでに学習した知識や技術の集大成となる題材であるため，生徒たちがつまずくポイントも多いかもしれません。しかし，お菓子をゼロから考え，その「自分が生み出したお菓子」のパッケージをデザインするというプロセスは，生徒にとってとても楽しく，興味をもって取り組むことのできるものです。そこで，完成まで興味をもち，意欲的に作業が進むためにも，次の3点のことを意識して指導にあたりたいです。

・導入時に身近なお菓子について考え，「自分は，こんなものをつくりたい」という思いを全員がもち，大切にさせること。

・美術室掲示やICT機器を活用し，既習事項を常に振り返ることのできるように，環境を整えておくこと。

・相互鑑賞や対話をする時間を制作の途中に確保し，自分の作品に対してのフィードバックを受けられるような機会を頻繁に設定すること。

これらのことを意識していくことで，生徒たちはお互いに刺激し合い，考えを深め，様々な工夫をしながら主体的に活動に取り組むことができます。ぜひ実践してみてください。

4 指導過程

①オリジナルおかしを開発しよう
（思考・判断）

・この箱に入っているお菓子を想像してみよう（マインドマップ）
・自分がこの箱に入れたいお菓子を決定しよう（味・形・材料など）
・誰に，どんな人に食べさせたい？
・どんなときに食べてもらいたい？
・このお菓子を食べた人は？
・このお菓子の名前は？

➡ 指導ポイント①
・マインドマップを使用し，アイデアを引き出す
・既製品にとらわれないように意識する

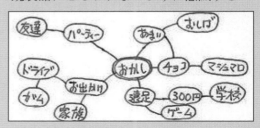

②開発したお菓子のイメージをまとめよう
（思考・判断）

・食べる人（ターゲット）のイメージ
・どんなとき（タイミング）のイメージ
・こうなってほしいというイメージ

➡ 指導ポイント②
・それぞれのイメージに合う，形や色を想起する

③商品パッケージに必要な情報を調べよう
（資料の読み取り・技能）

・商品名
・キャッチコピー
・品質表示
・内容量　など

➡ 指導ポイント③
・実際のお菓子のパッケージを持参させ，そこに書かれている情報を読み取らせる
・自分のパッケージデザインに必要な情報かどうか判断する

④パッケージのイメージスケッチをかこう
（構成）

・イメージスケッチをかくときに，ワークシートの見取図・展開図のどちらを使用してもよい
・商品名はイメージに適したレタリングをしよう

➡ 指導ポイント④
・箱の構造を理解させ，表の一面だけでなく，側面もうまく活用しデザインすることを意識する
・色鉛筆等で色彩のイメージも考える
・実際に着彩する箱も渡しておく

⑤スケッチをもとに，意見交流をしよう
（言語活動）

・友人のアイデア（商品名の工夫等）のよいところを伝え合おう

➡ 指導ポイント⑤
・友人と似たアイデアでも認めていく
・自分の思いを大切にすること，友人のアイデアを否定しないようにすることを伝える

⑥着彩する箱に下がきをしよう（表現）

⑦着彩をしよう（表現）
・細かい文字は油性マーカーなどを使用してもよい
・アクリルガッシュを使用するため，重ね塗りができる
・背景から塗っていくと，きれいな仕上がりになる
・混色カードを活用し，色の組み合わせについて確かめながら着彩する

⑧中間鑑賞をしよう（鑑賞）
・自分の進度を確認しよう
・友人の作品を見て，塗り方の工夫について考えてみよう

⑨紹介文をまとめよう（言語表現）
・主題（コンセプト）を明確にして作品の紹介文を書こう
□誰に食べてほしいか
□どんなときに食べてほしいか
□これを食べて，どうなってほしいか
□デザインするにあたり，工夫したところは

⑩展示された作品を鑑賞しよう（鑑賞）
・学校公開日に作品展示をしよう
・ワークシートを使って鑑賞しよう

➡ 指導ポイント⑥
・実際に箱を組み立てて，立体の状態でアイデアを確かめながら下がきをする

➡ 指導ポイント⑦
・着彩計画をしっかり立てる
・背景や広い面積の部分から塗る

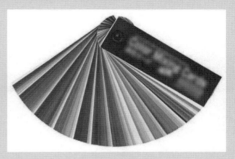

混色カード

➡ 指導ポイント⑧
・制作途中の作品を見ることは，技術を学ぶ上で，とても参考になることを伝える

➡ 指導ポイント⑨
・主題（コンセプト）を明確にする
・今までのワークシートを振り返り，自分の主題を再確認する

➡ 指導ポイント⑩
・学級の枠を越えて，たくさんの作品を鑑賞する
・特に工夫されている作品については，地域主催の展覧会に出展する

（藤井　邦淨）

21 ぼくの私の鳥獣花木図
～タイルの絵付けと枡目がきの技法を用いて～

📖 題材の紹介

　伊藤若冲の「鳥獣花木図屏風」を題材にした升目がきを利用したタイルの絵付け。遠くから絵を見たときに表れる「色彩分割」の効果を考えながら，配色や色の塗り方について工夫する。升目がき，陶芸用絵の具等，生徒にとって初めての体験であり，興味関心，制作意欲が高まる題材。

🕐 時間：16 時間完了

1　目　標

・枡目がきの特長を知り，そのよさを生かした絵付けをすることができる。　（知識及び技能）
・題材にした動物や昆虫がより生き生きと見える構図を考え，画面構成を工夫することができる。
　　　　　　　　　　　　　　　　　　　　　（思考力，判断力，表現力等）
・タイルへの絵付けなど身近な工芸に興味をもち，主体的に作品制作に取り組んでいる。
　　　　　　　　　　　　　　　　　　　　　（学びに向かう力，人間性等）

2　準備物等

教師：タイル，絵の具（陶芸用），カーボン紙（タイルに転写する際に使用），ワークシート
生徒：面相筆，竹串（絵付けに使用）

ワークシート

> 3年美術科プリント NO. 7
> # 枡目描きで動物を描こう
> 今回の学習内容：
> ①枡目描きの絵を写真を参考にしながら自分で考えよう。
> ②枡目描きの絵を色鉛筆で仕上げよう。
> 今回の目標：
> ①枡目描きをいかせる下絵を考える。
> ②枡目描きの技法を色鉛筆で再現しよう。
>
> ●枡目描きをいかすためには，どのようなことを工夫するとよいと思いますか。参考作品を見て考えてみましょう。
>
> ●写真を参考にして枡目描きの下絵を考えましょう。
>
> 3年　　組　　番 名前

3 評価シート　ぼくの私の鳥獣花木図

評価項目	評価場面	評価規準	評価
知識・技能	③	枡目がきの特長を知り，そのよさを生かした絵付けをすることができる。	
思考・判断・表現	④⑤	題材にした動物や昆虫がより生き生きと見える構図を考え，画面構成を工夫することができる。	
主体的に学習に取り組む態度	⑦⑨	タイルへの絵付けなど身近な工芸に興味をもち，主体的に作品制作に取り組もうとしている。	

✒ 授業づくりのアドバイス

　伊藤若冲の鳥獣花木図屏風は8万6千個もの枡目で構成されています。彼はどんな思いで大変な制作をしたのか，若冲の制作を追体験させ，枡目がきの作品に迫らせたいと考えました。

　美術に自信がない生徒でもこつこつと粘り強く作品に取り組めば，すてきな作品に仕上がります。時間をかけて制作した作品には愛着もわきますし，やりとげた自信をもつことができるでしょう。指導で特に強調したいことは以下の2点です。

・配色を決める際には，二重の枡目の色の組み合わせを工夫すること，色の感情効果をふまえて考えさせること。

・下がきを考える際には，自分がかきたい部分を大きくかくほうが，枡目による色の変化が出ること。

　制作し始めてから生徒が困る部分が出てくるので，それを次の授業に生かすように毎回の授業を考えました。私は絵付けの授業は初めてだったので，生徒と一緒に試行錯誤しながら授業を組み立てていくことで，勉強になりました。ぜひ，実践してみてください。

4 指導過程

①伊藤若冲との出会い（鑑賞）

・8万6千個も枡目をかいたのはすごい

・若冲の作品にはいろいろな表現がある。どうしてこんな大変なことをしたんだろう

②枡目がきと新印象派の比較鑑賞（鑑賞）

・スーラの作品は細かい点をたくさん置くことで混色したように見えるのだな

・若冲の枡目がきも枡目の中にもう1つ小さな枡目があり，色を変えてあるから同じような効果があるのかもしれない

③枡目がきの体験（表現）

・枡目の中にもさらに小さな枡目がある

・一つひとつ塗るのは細かくて大変だ

④絵付けをする下がきを考えよう（構想）

・枡目がきれいに見える構図はどうしたらよいかな

・輪郭線は残したほうがいいのかな

・かきたいものを画面に大きく表現すると枡目が生かせるのかな

⑤下がきの配色を考えよう（構想）

・色の組み合わせで雰囲気が変わるな

・グラデーションを使うと仕上がりの複雑な色がきれいだな

⑥タイルに下絵を転写しよう（表現）

・カーボン紙で写した線は消えるから，枡目の色を変えて輪郭を表現しよう

・枡目と動物の輪郭線の両方を転写するのは大変だ

⑦陶芸用絵の具でタイルに絵付けをしよう（表現）

・陶芸用の絵の具は粉を水で溶かすから初めて使うな

→ 指導ポイント①

・始めに鳥獣花木図屏風の全体を見せてから拡大した一部分を鑑賞させる

・若冲の作品を何点か見せ，多様な表現に挑戦していることに気付かせる

→ 指導ポイント②

・新印象派のスーラの作品「グランドジャット島の日曜日の午後」と細部を比較鑑賞し，点と枡目の色彩分割の違いについて触れる

→ 指導ポイント③

・鳥獣花木図屏風の一部をワークシートに線画で印刷し，ポスターカラーで枡目がきを体験させる

→ 指導ポイント④

・動物の体全体をかくより，自分がかきたい部分を大きくかくほうが枡目による色の変化が分かりやすい

・輪郭線をなくして枡目の色の変わり目のみで表現をしてもよい

→ 指導ポイント⑤

・配色による効果を説明する。また，色の感情についても触れる

→ 指導ポイント⑥

・タイルの上に下がきしたもののコピーを貼り，カーボン紙を用いてタイルに転写する

・カーボン紙でかいた線は焼成すると消えてしまうので，注意をする

→ 指導ポイント⑦

・陶芸用絵の具は通常の絵の具と違い，焼成後に色が変化するので焼成後の色見本を見ながら，着色させる

・水の量が多すぎても少なすぎても上手く焼けないんだね

⑧友人の作品を見て自分の作品の参考にしよう（鑑賞）

・グラデーションを使っている人は色鮮やかに見えてきれい

・陶芸用絵の具は乾くと削ることができるから，枡目の線を削ってきっちりさせているな

⑨タイルの絵付けを仕上げよう（表現）

・乾くと色むらになっているところがよく分かるね。上から薄くなっているところに重ね塗りをして，色の調子を整えよう

・友人のグラデーションをヒントに自分の作品の背景をグラデーションにしてみた

⑩完成した作品の鑑賞会をしよう（鑑賞）

・ぱっと見て大きく動物の顔があるので，この作品の注目するところがよく分かってよかった

・背景と動物の色の違いが出ていて，はっきりしているのがよかった

⑪展示し多くの人に見てもらおう（展示）

・自分の作品が飾られるのは恥ずかしかったけれど，家族に見てもらえて嬉しかった

・時間をかけてつくった作品だったから，ほめてもらえて，自信がもてた

作品展の展示の様子

・水が少なすぎると焼成した後に絵の具がはがれ落ちてしまうので，注意する

➡ 指導ポイント⑧

・友人の作品を鑑賞して自分の作品に生かせるところを考えさせる

・よい点を中心にお互いに見つけさせる

タイルの絵付けをしている様子

➡ 指導ポイント⑪

・各市町村で開催される展覧会などに展示をして，保護者や知り合いに生徒の作品を見てもらう

（白井　奈保）

22 アートグラス ～心に美々っとくるもの～

📖 題材の紹介

生徒が今まで出会ったものの中から心を動かされた美しいものを思い出して，作品構成を工夫しながら，その美しさを追求する表現に取り組む題材。

作品構成は，前面のモチーフ・中のアクセント・後ろの図柄という3つの構成を考えて，発想・構想を工夫する。制作は，アクリルパネルの裏面に黒塗料が添付されており，それを削ることにより版画の様な風合い，切り絵の様なデザインが表現でき，またアクリルパネルを通したアクリルガッシュのカラーが美しく，「美々っと」くる作品に仕上げることができる。

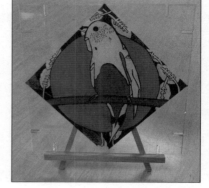

生徒作品

🕐 時間：13時間完了

1 目 標

・美しさを表現するための構成について理解し，削りや彩色を追求することができる。

(知識及び技能)

・友人の作品に触れ，美しさを表現するための画面配置や造形を工夫することができる。

(思考力，判断力，表現力等)

・美しさの概念について自分なりに考えを深め，主体的に作品制作に取り組んでいる。

(学びに向かう力，人間性等)

2 準備物等

教師：アクリルパネル（事前に業者と相談し，裏面に黒い塗料がついているもの），ニードル，ワークシート（構成を考える，アイデアスケッチ），トレース紙，ホワイトカーボン紙，マスキングテープ，保護シート，付箋（鑑賞・アドバイス活動にて使用）

生徒：色鉛筆，ペン類，絵の具セット（アクリルガッシュ）

テープできれいな作業ができる

③ 評価シート　アートグラス

評価項目	評価場面	評価規準	評価
知識・技能	⑤⑥	美しさを表現するための構成について理解し，削りや彩色を追求することができる。	
思考・判断・表現	②③	友人の作品に触れ，美しさを表現するための画面配置や造形を工夫することができる。	
主体的に学習に取り組む態度	⑦	美しさの概念について自分なりに考えを深め，主体的に作品制作に取り組もうとしている。	

✎ 授業づくりのアドバイス

　美しいというテーマは壮大なため，より具体的に発想や構想をするためにマッピングを取り入れるとよいでしょう。さらに，美しいと感じるエピソードをペアトークやグループワークで深めると，より発想や構想が深まります。ワークシートや授業の取り組みを観察し，評価するようにしましょう。

　作品構成では，前面のモチーフ・中のアクセント・後ろの図柄という3つの構成を基本としました。後ろの図柄は，中心モチーフが引き立つデザインや関連したデザインとなっています。中心モチーフは，小さすぎたり細かすぎたりすると削りが難しくなるため，より対象にクローズアップさせて，ダイナミックに表現することを伝えました。構成や中心モチーフの表現をアイデアスケッチで評価するとよいでしょう。

　削りでは，敢えて削り残しをつくることで，版画のような表現となります。削る前にどこをどのように残すのかを計画させておくとよいでしょう。葉脈や太陽など，どの方向に削り残しをつくるかが表現をよりおもしろくします。アクリルガッシュの彩色については，表面から見て一番手前の色から裏面に彩色をします。アクリルパネルの裏面での混色は，美しいグラデーションができるため，おすすめです。作品や制作工程の観察，制作カードより評価するとよいでしょう。

4 指導過程

①心にビビッときた美しいものについて，話し合おう（発想）

・家族旅行に行ったときの富士山

・母の日に渡したカーネーション

・公園で見たカマキリやクモ

②モチーフ，アクセント，図柄の3つの構成で，心にビビッときた美しいものをかこう（発想・構想）

Ⅰ　モチーフの決定

・紫陽花を少し斜めから見た様子をかこうかな

・魚が海から飛び出したところをかきたいな

Ⅱ　アクセントの決定

・○△□などのシンプルな形で，モチーフを目立たせたいな

・アクセントがモチーフの背景と合うようにかきたいな

・アクセントを少し小さめにして，モチーフが飛び出しているようにしたいな

Ⅲ　図柄の決定

・日本やヨーロッパの伝統の図柄を入れてみたいな

・モチーフに関連した図柄はなんだろう

・黒色を効果的に残してみよう

③制作する大きさでかいてみよう（構想）

・細かい造形も考えたいな

・資料集や図鑑を見て，形を詳しく見てみよう

・色鉛筆で彩色すると，いろいろなアイデアが出てくるよ

➡指導ポイント①

・4〜6人の班でグループ活動を行う。教師は机間指導を行い，生徒の話に耳を傾けながら，「どうして心に残ったの」や「どうして心に美々っときたのか」と声かけを行い，生徒が考えを深められるようにする

➡指導ポイント②

・3つの構成とは，「制作画面の前面のモチーフ・中のアクセント・後ろの図柄」のことである。p98の参考作品においては，前面のモチーフは鳥，中のアクセントは円状の背景，後ろの図柄は羽である

・3つの構成にすることで，作品が単調にならず，表現に幅が出る

・モチーフの輪郭線と背景がともに黒ではモチーフの表現ができないため，背景にアクセントを入れることで，モチーフがより美しく表現できる

・黒板に3つの構成を板書し，丁寧に説明をする

・3つの構成を分けてかけるワークシートを用意しておくのもよい

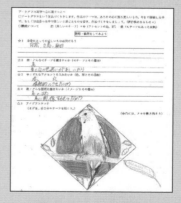

言葉と絵で構想を練る

④アイデアスケッチをトレース紙に写し，ホワイトカーボンでアートグラスの裏面に転写しよう（表現）

・輪郭線を鉛筆で写し取っていくんだね
・トレースが終わったら，次にペンを使うんだね
・ホワイトカーボン紙とトレース紙をアクリル板にテープで固定すると転写しやすいよ
・転写するときは，ペンを使うと転写し終わったところが分かりやすいね

⑤デザインニードルで削り，形をつくろう（表現）

・ニードルの角度によって削りやすさが変わるね
・先端を上手に使うと，毛並みや植物の筋が表現できるよ
・少し塗料を残すと，版画のような表現ができるね
・テープで削りカスを取ると，きれいな状態で制作ができるね

⑥着彩をしよう（表現）

・水の調整によって，彩色の雰囲気が変わるんだね
・パレット上での混色だけでなくアクリル板上で混色するとおもしろい表現になるよ
・細かい隅や枠の彩色には，マスキングテープを使うといいね

⑦完成した作品を鑑賞しよう（鑑賞）

・3つの構成につながりがあって，こだわって制作しているね
・彩色では先に塗る色を考えて，制作しているんだね
・細かい描写を削りで表現しているところがすごいよ

→ 指導ポイント④

・アイデアスケッチの輪郭線をトレースしたら，ペンで上からなぞる。これは線を太くして，削りの際に線が細くなったり消えたりしないようにするためである
・トレース紙は裏返しにして，ホワイトカーボンで転写すると左右が決まった作品に対応できる
・ペンでなぞれば，なぞったところが明確なため，制作がしやすい

原寸大でのスケッチ

→ 指導ポイント⑤

・ニードルで削る際，角度を変えて接地面を増やして，塗料を剥がすようにするとアクリル板に傷が付きにくく，かつ効率よく削ることができる
・黒の塗料を少し残すと版画のような表現になることも伝えたい

→ 指導ポイント⑥

・裏面に彩色するため，アイデアスケッチをよく見て，色の塗る順番を間違えないようにする
・グラデーションや色の濃淡をはっきりと出した彩色をするには，アクリル板上での混色をするとよい

→ 指導ポイント⑦

・鑑賞の際は付箋を配付し，鑑賞内容や作品のよさを書き，友人に渡すとよい

（加藤 光太郎）

23 季節感を演出する工芸品 木目込みまり
～自然の形体や材料を生かして～

📖 題材の紹介

日本の四季から感じ取れる造形的な美しさや生活に息づく日本の伝統的な形や色彩など，日本の風土で育まれた和の美意識について考えることができる題材である。

制作方法として，ひな人形や五月人形で知られる「木目込み」といわれる技法を使うことで日本の伝統的な工芸技法に触れることができる。元々は木片や粘土のようなもので型をつくり，その型に溝をつけ，布を埋め込んでいく技法であるが，この題材では，和の表現に焦点を当てているため，簡易的な発泡球を使って制作する。

下絵では，球体の作品になるため360度どこから見てもまとまりができるよう，全体を意識しながら線をかき入れていくことが大切である。また，埋め込んでいく布や飾り紐の色や素材，柄選びも作品の出来栄えを左右する重要なポイントである。

🕐 時間：8時間完了

1 目 標

・日本の伝統的な形や色彩に合った材料を選び，木目込みの技法を使って効果的な表現をすることができる。　　　　　　　　　　　　　　　　　　　　　　　　　（知識及び技能）
・幾何学的な模様や図柄を工夫して構成することができる。　　（思考力，判断力，表現力等）
・日本の四季や自然の形から造形的な美しさを感じ取り，意欲的に取り組んでいる。

（学びに向かう力，人間性等）

2 準備物等

教師：発泡球（大きいもののほうがつくりやすい。直径10cm くらいにすると見た目もまりらしくなる），カッターナイフ，和裁縫ヘラ，接着剤，ワークシート，参考資料（和模様の資料，色見本，彩色カードなど），ICT 機器

生徒：木目込み用のはぎれ布（作品のデザインに合わせて生徒が用意する。ちりめんだけでなくフェルトやサテン，レース，綿，柄のある布などを組み合わせるとよいものができる），飾り紐（作品のデザインに合わせて生徒が用意する。細すぎる糸や太いロープは好ましくない。数 mm の紐がよい），ハサミ，色鉛筆，ペン類（アイデアスケッチや下がきに使用）

3 評価シート　季節感を演出する工芸品 木目込みまり

評価項目	評価場面	評価規準	評価
知識・技能	④	日本の伝統的な形や色彩を使って効果的に表現することができる。	
	⑨	木目込みの技法を使い，意図に応じて表現方法を工夫するなど，見通しを持って効果的に表現をすることができる。	
思考・判断・表現	⑨	色や柄，素材の違いなど，材料の効果を総合的に考えて意図に応じて表現方法を工夫することができる。	
	⑩	季節感を取り入れた日本の伝統や調和の取れた洗練された美しさなどを感じ取り，美意識を高め，日本の伝統文化や美術に対する見方や感じ方を深めることができる。	
主体的に学習に取り組む態度	①	日本の四季や自然の形から造形的な美しさを感じ取り意欲的に取り組もうとしている。	
	⑤	互いの作品を見て，よさを感じ取り認め合う中で作者の意図や創造的な工夫について考え，自分の作品に生かすなど意欲的に取り組もうとしている。	

🖊 授業づくりのアドバイス

　本題材は，日本の四季から感じ取れる造形的な美しさや日本の伝統的な形や色彩など，日本の風土で育まれた和の美意識について考えることができる題材です。様々な作品や材料を提示することによって生徒たちも普段何気なく見ている自然物に興味をもち，そこから造形的な美しさを見つけ出そうと意慾的に取り組むことができます。また，日本の雛人形や五月人形で知られる木目込みという技法を学ぶことで，日本の伝統工芸に見られる職人の丁寧さや根気強さに触れ，日本人ならではの感性を磨くことができます。

　美術が苦手だという生徒もビーチボールのような簡単な模様に図柄を組み合わせたり，材料を工夫したりすることで美しく仕上げることができます。特に布をどう選択するかという点で見た目も変わり，表現の幅も広がってきます。とてもきれいな作品になるのでぜひ実践してみてください。

4 指導過程

①日本の和模様・伝統色を見てみよう

（知識・イメージづくり）

模様

・繰り返しになっている

・規則的に並んでいる

・季節のものや植物が入っている

色

・落ち着いた色だな

・くすんでいるけどきれい

・混ぜてつくったような色だな

・変わった名前がついているな

②誕生月を表すものを考えよう

（季節から思いつくものや色をイメージする）

・入学式の季節かな？

・おめでたい感じ

・紅白幕があるな

・桜の花が合うかな？

・ピンクや薄紫が合うかな？

③ベースになる幾何学的な模様を考えよう

（構想）

・球を3等分（〜等分）しよう

・規則的に線を並べよう

・1つ飛ばしで線を消そう

・コンパスを使って線を入れようかな

④幾何学的な模様の上に図柄を入れ季節感を

出そう（構想）

・〜に合う桜の花びらを入れようかな

・花びらを均等に並べてみようかな

・花びらをバラバラに入れようかな

・図柄が少ないとすっきりするな

・〜色を使おうかな

・グラデーションにしようかな

→ **指導ポイント①**

・参考作品や生徒作品を用意してつくるもの
をイメージしておく

・和模様や伝統色について気付いたことを話
し合う

模様

・和模様の参考資料を提示する（シンプルな
ものを選ぶ）

色

・色見本や彩色カードを用意しておく

→ **指導ポイント②**

・好きな季節や誕生月など自分との関わりが
あるように配慮する

・具体的なものや色が出るように生徒同士で
話し合ったり，色見本や彩色カードを使っ
たりする

→ **指導ポイント③**

・ワークシートを使って考える

・シンメトリーやリピテーションを使い全体
のまとまりが出るように意識する

→ **指導ポイント④**

・図柄は小さくなりすぎず2cm以上の大き
さでシンプルな形になるように指導する

・図柄は線の上に重なるようにする

・図柄を入れすぎないようにする

模様→図柄→色の順で構想

⑤みんなのアイデアスケッチを見てみよう
（鑑賞）

・色の組み合わせがきれいだな
・季節感が出ているな
・〜の色が合っているな

⑥発砲球に下絵をかこう（技能）

・鉛筆だとかきにくいし見づらいな
・球面にかくのは難しいな
・平面と球面で形が変わるな

⑦発砲球に切れ込みを入れよう（技能）

・なかなか切れないな
・発砲球が割れてしまったよ

⑧布を張っていこう（表現・技能）

・布を大きめに切ると張りやすいな
・布の素材を変えると雰囲気が変わるな
・無地ばかり柄ばかりより両方組み合わせて
　もいいな

⑨飾り紐を貼っていこう（表現・技能）

・紐の色が濃いと目立つな
・紐が太いとくっつかないな
・きらきらした紐はよく合うな

はみ出さないように布を入れる

⑩作品を展示して鑑賞しよう（鑑賞）

・この色の組み合わせはきれいだ
・こんな布もあるんだ

→ 指導ポイント⑥

・鉛筆を寝かせるようにする
・ペンでかくと薄い布を張ったときに透けて
　しまうことがあることを伝える

→ 指導ポイント⑦

・刺すように切ると切りやすい
・布が抜けないようカッターで切れ込みを
　1cmほど入れる
・発砲球がくずれてしまった場合は接着剤を
　使って直す

下絵→切れ込み

→ 指導ポイント⑧⑨

・発砲球が覆えるように布を大きめに切るよ
　うにする
・布は伸ばしながら張る
・あらかじめいくつか布を用意しておくと合
　わせる布のイメージがしやすく表現の幅が
　広がる
・接着剤を付けすぎないように布と布の隙間
　に間を空けて付ける
・紐の先を切れ目に入れ，紐は軽く指で押し
　当てると付けやすい

接着剤で紐を付け完成

→ 指導ポイント⑩

・お互いのよさを認め合うようにする
・日本の美を意識させて鑑賞する（川島　賢士）

24 心の中の世界 ～マトリョーシカで表現～

📖 題材の紹介

　進路決定や受験を控えた中学校３年生は精神的に不安定になりやすく，心の中はいろいろな思いが存在している。多感な時期を迎えた生徒に心の中にある世界を見つめ直させ，目に見える形にすることで，自分の成長に結びつける題材。

　マトリョーシカの人形と展示台を使うことで，制作者の意図を具体的に表現することができる。

生徒Aの作品「レトロな昭和時代」

＜制作の流れ＞
①テーマを考える
②心の中の世界に登場する５体のマトリョーシカのデザインを考える
③マトリョーシカを制作する
④展示台を制作し，マトリョーシカと組み合わせて仕上げる
⑤鑑賞する

🕐 時間：16 時間完了

1 目　標

・マトリョーシカに下がきや着色をしたり，展示台に様々な素材を組み合わせたりして制作することができる。
（知識及び技能）

・マトリョーシカの表情，衣装，並べ方，展示台を工夫して，心の中の世界を分かりやすく表現することができる。また，友人からのアドバイスを精選して自分の制作に生かしたり，制作を通して気付いたこと・ポイントをもとに友人の作品のよさに気付いたりすることができる。
（思考力，判断力，表現力等）

・生徒自身の心の中の世界を，５体のマトリョーシカの表情，衣装，並べ方，展示台を組み合わせて表現しようとする。
（学びに向かう力，人間性等）

2 準備物等

教師：教材，ワークシート（テーマ，図案決め），木工用接着剤，制作カード
生徒：絵の具セット（アクリルガッシュ），テーマを表現するための参考資料，展示台作成に関わる材料

③ 評価シート　心の中の世界

評価項目	評価場面	評価規準	評価
知識・技能	③	テーマを表現する人形の図案を作成することができる。	
	⑥⑦	マトリョーシカに下がきや着色をしたり，展示台に様々な素材を組み合わせたりして制作することができる。	
思考・判断・表現	④⑧	マトリョーシカの表情，衣装，並べ方，展示台を工夫して，心の中の世界を分かりやすく表現することができる。	
	⑤⑨	友人からのアドバイスを精選して自分の制作に生かしたり，制作を通して気付いた制作ポイントをもとに友人の作品のよさに気付いたりすることができる。	
主体的に学習に取り組む態度	③〜⑧	生徒自身の心の中の世界を，5体のマトリョーシカの表情，衣装，並べ方，展示台を組み合わせて表現しようとしている。	

✎ 授業づくりのアドバイス

　本来のマトリョーシカは，重ねて入れることができる工芸品です。しかし，今回の題材では1つに絞るのではなく，群像作品として並べ方や舞台設定にも目を向けることで5体を常設展示することも可としています。生徒たちの多様な考えや表現方法を引き出すことを可能にしています。人形に込めた意味はもちろんのこと，どのように見せるかにも生徒の「心の中」を表現することができます。

　指導上で気を付けたいことは，以下の3点です。

・材料にあまりお金をかけさせないようにします。家庭で集められる材料などを有効利用することを考えさせます。

・展示台にマトリョーシカを接着させるための方法や材料は学校側で準備し，生徒に紹介します。また，強度や安全を考えた接着方法を研究しておきます。

・マトリョーシカを一方向に向けた展示にならないよう，常にテーマを意識させて，どのように向けたら表現できるのかを考えさせます。

　完成された作品はすてきなジオラマです。細部にわたり工夫された世界から，お互いに鑑賞して伝え合うことで，高い達成感や満足感を得ることができます。

4 指導過程

①マトリョーシカの制作のための力量アップ
　を図ろう（導入）

②心の中の世界について考えよう
　　　　　　　　　　　　（テーマ決め）

A：幼い頃のレトロな家の雰囲気が大好きで，
　昔の暮らしにあこがれている

B：ハリーポッターの世界のように魔法のあ
　る世界にあこがれている

C：受験や部活動，友人との交友関係など，
　いろいろなことが頭の中を巡っている

D：世界で活躍するような人間になりたい

③図案を考えよう（表現）

A：古いこけしやレトロな雑誌を参考にして
　昭和の感じを出そう

B：前面には人物像，裏側にはそのキャラク
　ターに関係するものを表現しよう

C：喜怒哀楽を表情と色で表現しよう。楽し
　い気持ちが一番大きくて，明るい黄色が
　いいかな

D：ベートーベンは，あの個性的な髪型がト
　レードマークなんだけど，どう表現しよ
　うかな

生徒Cの作品「頭の中のさまざまな
感情

④どのように展示するか考えよう（表現）

A：昭和を表すため，白黒テレビやちゃぶ台
　を置こうかな

→ **指導ポイント①**

・正中線を利用して自画像をかき，目・鼻・
　口のバランスの取れたかき方を知る

・喜怒哀楽を示す表情を，鏡に映った自分の
　顔を参考にして，アニメや漫画風に表現し
　てみる

→ **指導ポイント②**

・マインドマップを活用して心の中を探り，
　具体的なテーマを決める

・5体のマトリョーシカのモチーフや大きさ
　の順を決める

生徒Bの作品「魔法世界」

→ **指導ポイント③**

・人間以外のものもマトリョーシカにデザイ
　ンしてもよいこととする

・登場人物を最低1人は入れる

・テーマを表現した表情やポーズにまでこだ
　わる指示をする

・常設とする場合は，人形に表現上必要な物
　を接着してもよいことを示唆する

・力量アップのトレーニングを生かして，マ
　トリョーシカの表情にこだわらせる

→ **指導ポイント④**

・モックアップ（画用紙による仮の実物展示
　計画）を作成する

B：前後の両面とも見せるために鏡を後ろに
　使おう

C：マネキンの頭の中をくりぬいて頭の中を
　表現しよう

D：地球をイメージするために，丸いものに
　配置しよう

⑤アドバイス会を通じて作品のアイデアを決
　定しよう（鑑賞）

・何かに囲まれていると不安な感じだね

・横並びではテーマが表現できてないよ

⑥マトリョーシカを制作しよう（表現）

・参考資料をもとに，テーマに合った表情に
　しよう

・腕をどこにかいたらいいか難しいな

⑦展示台を制作しよう（表現）

A：ジオラマのようなリアルな世界にしよう

B：凹凸のある場所に貼り付けるよい方法が
　ないかな

C：発砲スチロールに接着できる接着剤はあ
　るのかな

D：倒れないようバランスを取るのが難しい
　な

⑧仕上げる前の最終確認をしよう（鑑賞）

・背を向けているとけんかしているみたい

・それぞれが向かい合っていると微妙な関係
　が表現されているようだ

⑨完成した作品を鑑賞しよう（鑑賞）

・昭和らしさがあって，どこか懐かしい

・鏡を使って両面見せたところがすごい

・立体的な配置の仕方で分かりやすく心の中
　を表現していると思う

・すべてのマトリョーシカを１つにまとめて
　収納しなくてもよいものとする

➡指導ポイント⑤

・アドバイス会を設定す
　る

・モックアップを活用し
　てグループで意見交換
　し，アイデアを検討し，
　深める

➡指導ポイント⑥

・材料に鉛筆がのりにく
　い場合は，油性ペン
　（極細）を利用する指示をする

生徒Dの作品「音楽
に生きる」

➡指導ポイント⑦

・展示台に接着する方法を具体的に説明する

・いろいろな素材に対応した接着剤を準備す
　る

・ドリルで穴を開けて爪楊枝等で土台に指す
　方法も紹介する

・簡易ブックエンド等の利用を紹介する

➡指導ポイント⑧

・芸術家の立体作品の配置を様々に変えた資
　料から，並べ方によって伝わり方が変わる
　ことに気付かせ，テーマが表現できる配置
　を再確認させる

➡指導ポイント⑨

・友人の作品とテーマを結びつけて鑑賞し，
　学びを振り返る

（澤田　朋由紀）

25 里中乱舞 ～一瞬の動きを捉えて～

📖 題材の紹介

本校では「里中乱舞」という十年以上続く伝統行事がある。北海道の南中ソーランを模した集団演舞であり，毎年先輩から後輩へと受け継がれている。ハチマキを結び，法被を羽織り，自分達でデザインしたTシャツを着て，鳴子を鳴らしながら踊る姿は勇壮である。他の学校にはない，本校ならではの伝統行事である。

伝統行事「里中乱舞」

本題材はその一瞬の姿を捉え，人型の芯材で姿勢を形づくり，紙粘土で成形し，絵の具で彩色する。自分自身が踊っている姿をイメージしながら，体の姿勢やハチマキの動き，法被の形など，動きの勢いが感じられるように表現する。体や衣装，小道具の実際の色合いを絵の具で再現できるように，混色しながら彩色して仕上げる題材。

⏰ 時間：9時間完了

1 目標

・自分が踊っている姿を捉え，自分の表現意図に合うように，人体の関節や骨格を意識しながら，表現方法を工夫して表すことができる。　　　　　　　　　　　　（知識及び技能）
・演舞の中で，自分がつくりたい一瞬の動作を捉えながら，体の姿勢，形，向きなど紙粘土で細部まで表すことができる。　　　　　　　　　　　　　（思考力，判断力，表現力等）
・伝統行事である里中乱舞における経験や学びを生かし，作品に自分なりの思いを込めて制作に取り組んでいる。　　　　　　　　　　　　　　　　（学びに向かう力，人間性等）

2 準備物等

教師：里中乱舞の写真（掲示用），教材（紙粘土，土台板，芯材），参考作品
生徒：ドライバー（芯材と土台板を固定するため），新聞紙，粘土ベラ，絵の具（不透明水彩）

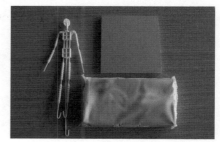

③ 評価シート　里中乱舞

評価項目	評価場面	評価規準	評価
知識・技能	④	自分の表現意図に合うように，人体の関節や骨格を意識しながら，芯材の形を表現できる。	
	⑤	紙粘土をしっかりと付けながら，体の量感が出せるように，体の厚みや太さなどに注意して成形できる。	
	⑥	頭部の輪郭や頭髪などの特徴，体の骨格や筋肉など，姿勢による細かい形の変化を捉えてつくることができる。	
	⑦	紙粘土の特性を理解し，着用する衣装などを，紙粘土で薄く伸ばしながら，布の質感が表現できる。	
思考・判断・表現	③	乱舞の経験をもとに，体の姿勢，形，向きなどに注意してアイデアスケッチしながら，構想を練ることができる。	
	⑧	彩色にはアクリルガッシュ（不透明水彩）を使い，微妙な色合いが再現できるように，色を混色しながら彩色できる。	
	⑩	鑑賞時には，作品の造形的なよさや美しさ，作者の意図や創造的な表現の工夫などを感じ取り，味わうことができる。	
主体的に学習に取り組む態度	①	里中乱舞での経験を振り返り，どのような作品を制作するか理解し，意欲をもって制作しようとしている。	
	②	踊りの中で，自分が表現したい姿勢や動きを考え，その理由や思いを考えようとしている。	

✎ 授業づくりのアドバイス

　本題材の「里中乱舞」は，本校ならではの伝統行事であること，生徒が体験して得た思いが制作意欲のもととなるものです。入学式初日には３年生によって披露される時間があり，その先輩の迫力ある演舞，姿は新入生にとって魅力的に映ります。夏休みの「名古屋ど真ん中祭り」で発表し，学校祭で最後の披露を終えた後，次の２年生へと踊りが引き継がれます。先輩から後輩へ動きが教えられ，学年末の「３年生を送る会」で２年生による演舞が発表されます。そのような地域，学校，友人でつながりのある伝統への思いが残るよう作品として表せるとよいでしょう。

4 指導過程

①里中乱舞の経験を思い出そう（発想）

- 動きを覚えるのは大変だったけど，先輩から教えてもらえて楽しかった
- うまく踊れるようになったときはうれしかった
- みんなで同じように踊れたときは，一体感があった
- 夏休みの「どまつり」や学校祭での発表が楽しみ

②乱舞の踊りの中でお気に入りのポーズを考えよう（構想）

- 最後の決めポーズがかっこいいね
- 女踊りのアピール場面が好き
- 法被をつかんで，大波を表す姿勢にしようかな
- 国府宮のはだか祭りをイメージした部分もいいね

③お気に入りのポーズをアイデアスケッチしよう（構想）

- 踊っていたときの姿勢や手や足はこの角度でいいかな
- まず体の形をかいて，細かい部分をかいてみよう
- 首や足の向きなども意識しよう

④アイデアスケッチをもとに，芯材で形をつくり，土台板に固定しよう（表現）

- 体の姿勢や骨格を意識しながら，芯材を曲げて表そう
- 形ができたら，動かないように土台板にしっかり固定しよう

➡ 指導ポイント①

- 乱舞の経験がイメージしやすいように，踊っている写真を掲示したり，どんな思いをもっているか発表する
- 実際にできあがった完成品を見せ，どのような作品を制作するのか説明する

参考作品

➡ 指導ポイント②

- 踊りの中のどの部分でもよいので，自分が表現したい姿勢を考えさせる
- どうしてその姿勢を選んだのか，理由を考えさせ，乱舞の経験と制作への思いをつなげられるようにさせる

➡ 指導ポイント③

- 細かい部分をスケッチするよりも，体の姿勢，形，向きなどに注意して，まずは大まかにかくようにする
- 乱舞をしている写真資料を配付し，姿勢やハチマキ，法被などの形がどうなっているか観察する

➡ 指導ポイント④

- イメージした姿勢をつくれるように，芯材を曲げながら再現できるようする
- 肩や腰，肘や膝などの関節の曲げ方に注意し，無理のない姿勢を意識する

⑤芯材に紙粘土を付けて，体の芯となる部分をつくろう（表現）
・まずは体全体に粘土を付けて，大まかな形をつくろう
・体の厚みや手足の太さを意識しながら粘土を付けよう

⑥頭部や骨格，筋肉の形を意識して，形をつくろう（表現）
・自分の体の形をイメージしてつくろう
・腕や足を曲げると，こんな形になるかな
・頭の向きや頭髪なども再現しよう

⑦Ｔシャツや法被などの衣装，ハチマキや小道具などをつくろう（表現）
・ハーフパンツやＴシャツなど，体の内側からつくってから法被を着せよう
・踊りの動きが出るように，ハチマキや服の形，鳴子の向きを考えよう

⑧絵の具を使って，体や衣装などを彩色しよう（表現）
・彩色しやすいように，体の内側から塗っていこう
・衣装の色をよく思い出して，同じような色合いになるようにしよう
・細かい柄も再現できるようにしよう

⑨ハチマキや鳴子，土台板などを彩色して仕上げよう（表現）
・鳴子の色やＴシャツや法被にかかれた絵柄などもかこう
・土台板は燃えるような里中乱舞をイメージして赤色にしよう

⑩完成した作品を鑑賞しよう（鑑賞）
・表現したことや注目してほしいことなど，作品に込めた思いをまとめよう

→ 指導ポイント⑤
・紙粘土が芯材に付くように，紙粘土を少しずつしっかりと付けるようにする
・体の量感が出せるように，体の厚みや太さなどに注意させながら成形する

→ 指導ポイント⑥
・衣服から外に出ている腕や足，頭などは特に注意して成形するようにする
・骨格や筋肉など，姿勢による細かい形の変化を捉えさせ，形をつくる
・頭部の輪郭や頭髪などの特徴も表現できるようにする

→ 指導ポイント⑦
・着用する衣装については，紙粘土を薄く伸ばし，実際に着せるように付ける
・衣装やハチマキなど，布の質感が表現できるよう，端を薄くしたり，動きによる形を工夫したりしながらつくる

→ 指導ポイント⑧
・使用する絵の具はアクリルガッシュ（不透明水彩）を使い，水は少なめにして彩色する
・肌や衣服の微妙な色合いが再現できるように，複数の色を混色させながら，イメージに合う色を塗るようにする

→ 指導ポイント⑨
・法被の袖の柄や小物なども彩色できるように意識する
・土台板は自分の好きな色で彩色させ，自分なりの個性を表現する

→ 指導ポイント⑩
・学校や地域の文化祭で展示し，多くの人に作品を鑑賞してもらう　　　（森 圭介）

26 イメージを形で表現しよう

📖 題材の紹介

　手だけを使って，油粘土を扱う。これまで経験してきた様々な感情やイメージに自分なりの形を与える。立体的な形から，抽象表現ができる題材。

🕐 時間：3時間完了

1 目標

・表現しようとする形を滑らかな曲線や直線で丁寧に油粘土で造形できる。　（知識及び技能）

・形のないイメージに形を与え，油粘土を用いて表現することができる。

（思考力，判断力，表現力等）

・自他の表現の差異に気付き，それらを認め合いながら作品制作に取り組んでいる。

（学びに向かう力，人間性等）

2 準備物等

教師：油粘土（1人あたり，こぶし程度の大きさ），パワーポイント（第1時の導入のときに，パワーポイントを使って，造形遊びをする），ワークシート（第2時の授業のときに，アイデアスケッチを行うためのもの），デジタルカメラ（教師用。第3時の授業のときに，生徒が油粘土で表現したものを写真に収める）

生徒：新聞紙（机の上に敷き，汚れないようにする）

3 評価シート　イメージを形で表現しよう

評価項目	評価場面	評価規準	評価
知識・技能	③	表現しようとする形を，滑らかな曲線や直線で丁寧に油粘土で造形することができる。	
思考・判断・表現	②	様々な形のないイメージに形を与えて自分なりに表現する構想を練ることができる。	
	③	形のないイメージに形を与え，油粘土を用いて表現することができる。	
主体的に学習に取り組む態度	①	それぞれが同じイメージをもとにしていても，個人で表現が異なることに気付くことができ，意欲的に立体表現に取り組もうとしている。	

✎ 授業づくりのアドバイス

　この題材は，私が実践してきた中学校の各学年の指導において，生徒が一番楽しく参加できる授業でした。中学生になってからは，ほとんど触ることがなくなった油粘土。互いに伝えたいものを，手を使って，形だけで伝えるゲームを通して，この題材の導入をしていきます。

　自身のイメージに形を与え，表現することのおもしろさと難しさを感じさせます。さらに，形だけで伝え，感じとることのおもしろさと難しさを考えさせます。パワーポイントを作成して授業を行うことで，スムーズに展開できると思います。パワーポイントが作成できない場合は，画用紙などに大きくお題を書いて提示することで，授業を展開できます。

　立体表現の題材を，油粘土で制作することで3時限で完了させられます。ぜひ，実践してみてください。

＜参考文献＞　『美術2・3下　美の探求』　日本文教出版

4 指導過程

①自身のイメージに形を与えよう（発想）

・油粘土を用いて，自身のイメージに形を与えよう

・ゲーム形式で，自分のお題になったものを油粘土で表現しよう

・言葉で自分が表現しているものを伝えてはいけません。伝えてしまうとこのゲームが一気につまらなくなるので注意しよう

```
【ルール】※制作時間は7分
①4人1グループをつくる
②4人が異なるお題を表現する
③表現しているものを言葉にして相手に伝えてはいけない
```

・4人で1～4の番号を決めよう。そして1以外の人は顔を伏せよう

●レベル1

「ライオン，パンダ，ヒツジ，カエル」

※表現する形を具体的にイメージできるお題

・答え合わせをしよう。それぞれが表現したものを見合おう

・1の人が何を表現したのか答えよう。2～3の人たちで，せーの！

・では，レベル2です。1以外の人は顔を伏せよう

●レベル2

「電話，椅子，ボール，花」

※表現する形を具体的に表現できるが，具体的な形はそれぞれによって異なってくるお題

・答え合わせをしよう（レベル1と同じ）

→ 指導ポイント①

・導入の目的は，ゲームを通して具体的なイメージから抽象的な（具体的でない）お題を表現させていくことと，油粘土に触れることが久しぶりの生徒ばかりなため，油粘土の材質感や実現可能な立体表現を把握させることである

・ルール説明では，レクリエーションを始めていくような雰囲気で進行していく。生徒も楽しく実践でき，教師も楽しめるため，本時は生徒と教師がともに楽しみながら，指導をしていく

・『ルール説明』『お題の提示』『答え合わせ』はパワーポイントを使って，進行していくとスムーズである。パワーポイントがない場合は，画用紙にかいたものを見せていけば，進行していける

パワーポイント

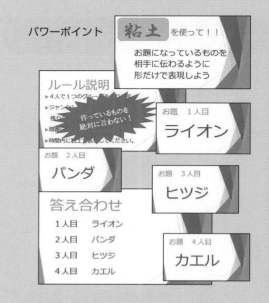

●レベル３

「夏，東京，教室，涼しい」

※複数のものを表現して，自身のイメージを膨らませないと表現できないお題

②強調すること，単純化することを意識して，アイデアスケッチしよう（構想）

・以下の条件の中からイメージしよう

「A…友情，友人，協力，支え合う」

「B…躍動，動き，変化，激しさ」

「C…静寂，均衡，緊張，虚しさ」

・「A」「B」「C」の中からそれぞれにイメージに形を与えられるものを選択し，アイデアスケッチに取り組もう

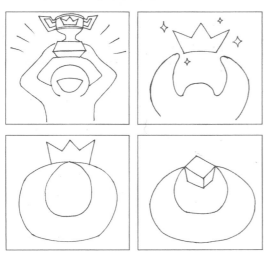

アイデアスケッチ

③細部までこだわりをもって，立体表現に取り組もう（表現）

・前回のアイデアスケッチの中から１つ選択し，油粘土で表現しよう。自身が表現したい形を丁寧に表現しよう

・レベル３で工夫して制作したことが，この題材の大切なポイントであることを知らせる（※お題は生徒に考えさせたいポイントが変わらなければ変更しても構わない）

➡ 指導ポイント②

・教科書２・３下の「イメージを形で表現しよう」を参考にして，アイデアを考えさせる

・単純化すること，強調することをポイントにし，アイデアスケッチを考えさせる

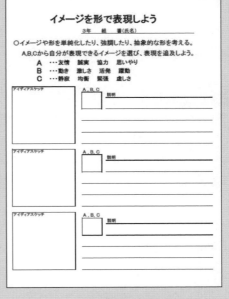

ワークシート

➡ 指導ポイント③

・制作したものは，デジカメで撮影する。誰の作品かが分からなくならないように，名前や顔を別で撮影する。または，作品と一緒に撮影しておくとよい（※撮影の目的は，油粘土を回収して安全に保管しておくスペースがないためである）

（中澤　大成）

27 いさとトリエンナーレを開催して地域に思いを伝えよう

📖 題材の紹介

本校の総合的な学習の時間では，福祉施設村での校外学習や地域の職場訪問学習など，地域と関わりをもってきた。3年生では，地域で社会貢献をする活動を行う。本題材は，総合的な学習と合科にし，地域への思いを込めた石彫作品をつくり，地域や校内で展示会を行った。この活動を通して，生徒は，地域の未来に夢を抱き，その思いを形にするために試行錯誤し，完成した作品を通して地域に思いを伝えることで，美術の創造活動の喜びを味わうことができる。

義務教育最後の造形活動としてやりがいのある題材。

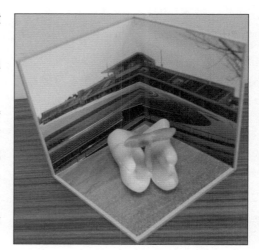

🕐 時間：11 時間完了

1 目 標

・抽象的な彫刻作品の表現の中で，省略やデフォルメ等の表現のよさに気付くことができる。

（知識及び技能）

・いさとトリエンナーレの開催に向け，地域に対する自分の思いを取り入れたアイデアを考え，効果的に表現するための構想を練ることができる。　（思考力，判断力，表現力等）

・抽象的な彫刻作品に込められた思いや表現意図に気付き，身の回りの表現されたもの思いや意図を進んで感じ取ろうとする。　（学びに向き合う力，人間性等）

2 準備物等

教師：ワークシート（鑑賞），滑石，粘土，石彫に使用する道具（のみ，彫刻刀等），展示台，制作過程の模型，ICT 機器

　　　※滑石は10cm ×5cm ×5cm

　　　※展示台は15cm ×15cm ×15cm

生徒：スケッチブック

3 評価シート　いさとトリエンナーレを開催して地域に思いを伝えよう

評価項目	評価場面	評価規準	評価
知識・技能	⑤	抽象的な彫刻作品の表現の中で，省略やデフォルメ等の表現のよさに気付くことができる。	
思考・判断・表現	③④	いさとトリエンナーレの開催に向け，地域に対する自分の思いを取り入れたアイデアを考え，効果的に表現するための構想を練ることができる。	
主体的に学習に取り組む態度	①②④⑥	抽象的な彫刻作品に込められた思いや表現意図に気付き，身の回りの表現されたもの思いや意図を進んで感じ取ろうとしている。	

✏️ 授業づくりのアドバイス

　本実践では，2つのことを大切にして実践しました。

　1つ目は総合的な学習と合科にし，地域と深く関わる場を設定したことです。生徒は，交流館長のメッセージ聞いたことで，地域の方の思いを知り，自分たちに何ができるか考えることができました。また，トリエンナーレ作品の鑑賞活動も行ったことで美術と地域を結びつけて考え，題材への意欲を高めることができました。最後のいさとトリエンナーレでは，地域や後輩に自分の思いを伝えることができ，作品を通して思いを伝えられることの喜びを味わうことができました。

　2つ目は，試行錯誤する過程を大切にした授業を展開したことです。抽象表現トレーニングでは，試行錯誤を繰り返しながら，発想したものを紙面上に表現することができました。また，粘土による試作では，立体的な発想を助け，思いが伝わる形を見つけることができました。最後のプレトリエンナーレでは，他者の意見を聞き，本当につくりたい表現を確立させることができました。

　義務教育最後の美術教育として，3年生の後期に本実践を始め，中学校を巣立つ頃に終えました。本実践を通して味わった創造活動の喜びは，生徒にとって美術作品を風景の一部とせず，美術への愛好する心情や豊かな情操を養う価値のあるものとして捉えることができるようになるための必要な感覚であると確信しています。創造活動の喜びを実感し，生き方を豊かにできる生徒の育成を目指して，今後も継続して実践していきたいです。

4 指導過程

①芸術の力で井郷地域を明るくしよう
（導入）

・トリエンナーレの作品を鑑賞し話し合うよ

・トリエンナーレについて学習するよ

・交流館長さんの思いが分かったよ

→ 指導ポイント①

・題材への興味を高めるために，瀬戸内や新潟で行われたトリエンナーレ作品を鑑賞する

・「いさとトリエンナーレ」への思いを高めるために，交流館長さんからのメッセージを紹介する

②井郷地域について話し合おう（発想）

・井郷地域のよさを見つけるよ

・友人はどんなよさを知っているのかな

・自分の知らないよさも分かったよ

→ 指導ポイント②

・話し合いが活発になるように，まなボードを使用する

・話し合いがどのグループも生徒主導で進められるように，話し合いのポイントを伝える

生徒が活用した「まなボード」

③話し合いを生かして自分の思いを込めた形を考えよう（表現）

・伝えたい形をデフォルメさせたよ

・形を変化させすぎると何か分からなくなるね

・細かい形を翔楽してもいいね

・一度粘土でつくってみるよ

→ 指導ポイント③

・抽象表現に変換するトレーニングを行うことで，様子や思いを抽象的な形で表す美しさやおもしろさに気付かせる

④プレトリエンナーレを行い，自分の作品を
　よりよくしよう（鑑賞）

・どんな感じに見えているのかな
・アドバイスを受けて，アイデアの再検討を
　行うよ

⑤思いを込めた形を彫刻しよう（表現）

・いろいろな方向から見てもいい作品にする
　よ
・実際に置く場所も考えてつくるよ

**⑥いさとトリエンナーレ作品を鑑賞し互いの
　作品のよいところを認め合おう**
　　　　　　　　　　　　　　　　　（鑑賞）

**⑦地域の交流館や校内で，いさとトリエンナ
　ーレを開催しよう（鑑賞）**

・地域への思いを多くの人に伝えたいな
・地域の平和が形で伝わってな
・私たちの地域の未来への思いが伝わったね

➡ 指導ポイント④

・アイデアのイメージを視覚的に伝えること
　ができるように，油粘土の試作を用いて紹
　介する

➡ 指導ポイント⑤

・道具を正しく安全に使って制作できるように，
　教師が実演し，手元の様子をICT機器で
　紹介する
・制作過程がより理解しやすいように，作品
　の制作段階ごとの模型を用意し，紹介する
・地域への思いをより高められるように，作
　品を実際に置きたい場所の写真を用意し，
　背景にして制作する

➡ 指導ポイント⑥

・井郷の地域に実際に作品が展示してあるよ
　うな雰囲気になるように，写真を貼った3
　面の展示台を使って展示する

（柴田 悠幾）

いさとトリエンナーレの様子

28 伝える 聞き取る 〜印象派の画家たちを通して〜

📖 題材の紹介

　鑑賞の時間において，生徒たちに興味を引かせたり，関心をもたせたりする1つの方法として，ゲーム的な要素を加えた鑑賞が有効である。

　鑑賞方法としては，作品を鑑賞して得た気付き（情報）を「伝える役」と，それを聞いて浮かぶ絵をプリントにかく「聞き取り役」を決め，2人1組で行う。

　今回，取り上げたのは，印象派の代表的な画家であるゴッホ，モネと葛飾北斎の作品である。ジャポニスムの影響を受けた印象派は，日本人にとって大変なじみ深い画家たちであり，浮世絵など日本の文化も関連させて鑑賞させることができる。

　また，鑑賞で得た気付き（情報）を「伝える」，「聞き取る」といったコミュニケーションを取りながらの鑑賞なので，学期の始めやクラスの雰囲気を和ませたいときなどに行うとよい題材。

「富岳三十六景　神奈川沖浪裏」　　「タンギー爺さんの肖像」　　「散歩　日傘をさす女」
　　　　葛飾北斎　　　　　フィンセント・ファン・ゴッホ　　　　クロード・モネ

🕐 時間：1時間完了

1 目　標

・印象派の表現方法やジャポニスムの影響について理解をすることができる。

（知識及び技能）

・作品などについて説明し合いながら，様々な視点で考えを深めることができる。

（思考力，判断力，表現力等）

・作品から感じ取ったことや考えたことをもとに，美術を愛好する心情や豊かな感性を育もうとしている。

（学びに向かう力，人間性等）

2 準備物等

教師：画像や資料を映し出すもの（パソコン，テレビ or プロジェクター，実物投影機など），
　　　鑑賞ワークシート

3 評価シート　伝える　聞き取る

評価項目	評価場面	評価規準	評価
知識・技能	②	印象派の表現方法やジャポニスムの影響について理解をすることができる。	
思考・判断・表現	②	作品などについて説明し合いながら，様々な視点で考えを深めることができる。	
主体的に学習に取り組む態度	②③	作品から感じ取ったことや考えたことをもとに，美術を愛好する心情や豊かな感性を育もうとしている。	

✎ 授業づくりのアドバイス

　実践したゲーム的な要素を加えた鑑賞方法は，生徒たちも楽しく活動でき，多くの生徒たちが「もう一度，授業でやりたい」と感想を述べていました。他にも「相手に伝えたり，聞いたり作品を楽しむ以外にもコミュニケーションが取れるのがよいと思う」，「いつもの鑑賞の授業より，集中して鑑賞した」，「どんな絵か想像することで，細かいところまで読み取ろうとするので，どんな作品かよく分かった」といった感想があり，意欲的に鑑賞活動を行うことができました。

　今回の実践は，「印象派の画家たちや関連する絵師」をテーマに鑑賞作品を選びましたが，他にも愛知県内の美術館が所蔵してある代表的な作品を鑑賞しながら，美術館の特色を解説するなどの実践も行いました。何かしらのテーマに沿って鑑賞作品を選んだほうが，生徒の作品への理解度も増していきます。

　「鑑賞って，おもしろい！」と生徒が素直に喜んでくれる題材だと思います。

4 指導過程

①鑑賞の仕方を説明して，練習をさせる
（導入）

○プリントを配付して，課題説明する

　△これから，先生がある作品を鑑賞して，気付いたことをみなさんに伝えます。みなさんはその気付きをもとに，どんな作品か想像してプリントにスケッチしてください。

○鑑賞して，気付いたことを生徒に伝え，メモを取るように指示をする

　・大きな波がかかれてる

　・左側から大きな白波を立ている

　・３つの舟があり，漁をしているようにも，波に飲み込まれているようにも見える

　・遠くには，雪をかぶった富士山が見える
　　　　　　　　　　　　　　　　　　　　など

○メモをさせた気付きをもとに，どんな作品かを想像して，プリントにスケッチをさせる（３分間）

○スケッチをやめさせ，相互鑑賞をさせる（１分間）

○作品を提示して解説をする

　・作者名は，「葛飾北斎」

　・作品名は「富岳三十六景　神奈川沖浪裏」

　・江戸時代後期につくられた代表的な浮世絵作品

　・浮世絵は多色多版画　など

➡ 指導ポイント①

・教師が作品を鑑賞して，気付いたこと（作品から得た情報）を生徒に伝え，プリントにメモをさせていく

・最初に教師が「伝える役」をして，練習をさせる

・教師が伝える気付きを，生徒がしっかりとメモができるように，相談はさせず，静かな雰囲気で行う

・上手，下手は気にさせない

・相談させず，自分でメモをした気付きを手がかりにスケッチさせる

・お互いのスケッチを鑑賞することで，捉え方や個性の違いに気付かせる

・見やすいように，大きな画像を用意する。

②2人組をつくらせ，鑑賞を深める（展開）

○作品を鑑賞して，気付きを「伝える役」と
　それを聞いてプリントにかく「聞き取り
　役」を決めさせる
　△今から役割分担をします。先ほど先生が
　　行った気付きを「伝える役」と，それを
　　聞いて，スケッチをする「聞き取り役」
　　を決めてください（30秒間）
○役が決定したら「聞き取り役」は伏せさせ，
　「伝える役」には作品を提示して鑑賞させ
　る
　△「伝える役」の人は，今から3分間鑑賞し
　　て，気付いたことをどんどんメモをしてく
　　ださい
　・髭のおじいさんが椅子に座っている
　・背景には日本の浮世絵のようなものがかか
　　れているな（3分間）
○鑑賞をやめさせ，「聞き取り役」の生徒に
　気付きを伝えさせる
　▲鑑賞して気付いたことを「聞き取り役」の
　　生徒に説明しスケッチをかいてもらいまし
　　ょう
○「聞き取り役」の生徒は，プリントにスケ
　ッチをする（5分間）
○作品を提示し，解説を行う
○役割を交代し，次の作品を鑑賞をさせる

③振り返りを行う（まとめ）

○鑑賞を終えての感想を記入させる

→ 指導ポイント②
・席は前後で行うなど，移動は最小限にする
・配慮の必要な生徒がいる場合は，3人組に
　するなどの対応をする
・役割分担は，素早く決めさせる

・「聞き取り役」の生徒は，3分間伏せさせる

・「伝える役」の生徒には，たくさんの気付
　き（情報）を作品から導き出し，簡潔に
　メモを取るように指示をする
・「聞き取り役」の生徒には，分からないこ
　とがあれば，「伝える役」に質問するよう
　に指示をする

・「聞き取り役」がスケッチしている間も
　「伝える役」には，情報提供するように指
　示し，2人で協力してスケッチを完成させ
　る気持ちを高める
→ 指導ポイント③
・印象派は，浮世絵など日本文化の影響を受
　けていることも解説する

（高村　渉）

29 問題解決のデザイン
〜デザインで世界を変えることはできるのか〜

「私たちの生活の中で，デザインが果たす役割は一体何があるのだろう？」といった疑問から生まれた題材。

アフリカ諸国を中心に，発展途上国が抱えている様々な社会問題の１つである労働問題に着目し，その解決に向け美術科としてどう関わっていくべきなのかや，「キュードラム」という単純だが秀逸なアイデアをヒントにデザインの本質とは何かを考えさせる。

また，「気付き，考え，話し合う」といった流れで鑑賞を進め，グループでの活動を取り入れながら，個々の考えが深まっていくことを目指す。

少人数（３〜４人程度）のグループ活動では，コミュニケーションの必然性が生まれ，協力し合いながら検討を重ねる生徒の姿が見られる。また，全体での発表場面を設定することで，情報を共有しながら問題を解決しようとする一体感も生み出すことができる題材。

🕐 時間：２時間完了

1 目　標

・問題解決の過程から，デザインの本質について理解をすることができる。　　（知識及び技能）
・話し合い活動の中で，個々の意見を尊重し合いながら考えを深めることができる。

（思考力，判断力，表現力等）

・美術の働きが，生活や社会と関わっていることに気付き，美術の社会的な働きに関心をもとうとする。　　　　　　　　　　　　　　　　　　　　　　（学びに向かう力，人間性等）

2 準備物等

教師：画像や資料を映し出すもの（パソコン，テレビ，プロジェクター，実物投影機），ワークシート（鑑賞用）

3 評価シート　問題解決のデザイン

評価項目	評価場面	評価規準	評価
知識・技能	②〜④	問題解決の過程から，デザインの本質について理解をすることができる。	
思考・判断・表現	①②⑤	話し合い活動の中で，個々の意見を尊重し合いながら考えを深めることができる。	
主体的に学習に取り組む態度	⑥	美術の働きが，生活や社会と関わっていることに気付き，美術の社会的な働きに関心をもとうとしている。	

✐ 授業づくりのアドバイス

　鑑賞に話し合い活動の場を取り入れたいと思い，この題材を実践しました。題材の背景には「児童労働」という大きな社会問題があり，生徒たちの実生活とかけ離れている内容であったため，考えの深まりがあるか心配しましたが，ユニバーサルデザインの考え方につながるところもあり，生徒たちからは「車椅子からアイデアをもらった。ペダルをつけて段差があるところで踏む」，「折りたたんで滑らす」，「子どもでも握りやすいグリップにする」，「衝撃の吸収できるタイヤの開発」といった運ぶことについてのデザイン案の他に，衛生面に配慮したデザイン案などが考え出されるなど，授業に対する意欲や関心は高いものでした。

　また，「キュードラム」の鑑賞では，その形状が正解ではなく，生徒たちが実際に授業で行った問題解決にむけての過程（考えを巡らすこと。議論を重ねること）こそがデザインの本質であることを伝えましょう。生徒たちが，デザインがもつ可能性に少しでも気付くことができるよう進めていきます。

　最後に，画期的なデザインとして登場したキュードラムですが，実はあまり普及せずに現在に至っています。それはどうしてなのか？　という問いも生徒たちには投げかけてみたいと思います。

4 指導過程

1時間目

①写真を提示して，気付かせる（導入）

○鑑賞プリントや提示した写真から，思い浮かぶことを考えさせる

　・発展途上国（アフリカ）の日常的な一場面を紹介した写真です。気付いたことをプリントに記入してみましょう

（3分間）

○気付いたことを発表させる

・子どもがタンクをいっぱい抱えて大変そうだ

・子どもが働いていて，昼間なのに学校に行ってなさそう

・タンクの水の衛生面は大丈夫か心配

・道が舗装されていない

・ポリタンクに水を入れたら，すごく重くなる。運べるのだろうかなど

②気付きを整理し一本化して，問題点として提示する（発想）

○子どもが水運びという重労働を行っている問題点に着目させる

　・水運びという重労働の問題を，少しでも軽減できる道具をデザインできないか考えてもらいます

○問題点を解決するため，考慮しなくてはいけない事柄を考えさせる

　・道具をデザインする上で，考慮しなければならないことを記入しましょう

（2分間）

→ **指導ポイント①**

・写真は大きく掲示する

・静かな雰囲気をつくり，じっくりと観察させる

・どんな小さなことでもよいので，気付いたことをたくさん記入させる

・発表された気付きを板書する

→ **指導ポイント②**

・水運びの重労働を問題点として導き出せるように，板書内容を整理していく

・板書した生徒の気付きが，ヒントにならないか見直させる

・意見が出にくい場合は，教師側から考慮事項を提案する
　＊電気は使えない
　＊ガソリンはない　等など

・道具の素材は「現地調達に限定しない」とするとデザイン案の幅が広がる

128

○記入内容を発表させ，全体で考慮事項を共有する

・道は舗装されていない

・簡単なものがいい

・現地の人が使えるもの　など

③**デザイン案を考える（表現）**

○考慮事項を押さえながら，デザイン案をスケッチさせる

（5分～10分間）

④**グループでデザイン案を検討する（構想）**

○各自のデザイン案を発表し合い，グループ内で一案にまとめさせる

○次回，全体の場で発表することを伝える

○本時の振り返り（感想）を記入させる

2時間目

⑤**デザイン案を発表する（発表）**

○実物投影機を使い，デザイン案を映し出し，工夫点を発表させる

○1グループ2分程度で発表させる

⑥**振り返り（感想を記入）をさせる（まとめ）**

○1つのデザイン案として「キュードラム」を鑑賞する

・筒状の容器に水を入れ，転がして運ぶという発想

・一度に50リットルの水を運ぶことができる
　・デザインで，世界を変えることができると思いますか

・新しい発想が，大きな問題を解決する可能性があることに気付かせる

○本時の振り返り（感想）を記入させる

→ **指導ポイント③④**

・相談させず，各自で考えさせる

・工夫や配慮したことをメモ書きさせる

・4名程度の小グループをつくり，司会者と発表者を決める

→ **指導ポイント⑤⑥**

・発表者の支援をしながら，よかった点を挙げていく

・批判はしない・させない。受容的な雰囲気をつくることを心がける

・「キュードラム」の形状が正解ではなく，問題解決に向けての過程（考えを巡らすこと。議論を重ねること）こそがデザインの本質であることを伝える

（高村　渉）

30 互いに個性を尊重し合い，認め合う授業
〜ポスターの鑑賞を通して〜

📖 題材の紹介

　クラスメイトのポスターを相互鑑賞し，他者の表現の魅力を尊重し合い，認め合う授業である。

　生徒たちが個々の作品の魅力を付箋に記入し添付する。自分に添付された付箋をワークシートに貼り，まとめることで，自分の作品の魅力を他者からもらったコメントで再確認することができる。また，今後の制作意欲の向上や，次の単元へのつながりができる題材。

🕐 時間：2時間完了

1 目　標

・造形的な視点を働かせて鑑賞作品をカテゴリー別に整理し，作品の魅力を自分なりの言葉で表すことができる。　　　　　　　　　　　　　　　　　　　　　　　（知識及び技能）
・グループで話した様々な魅力や鑑賞の着目点を参考にして，他者の作品の魅力を見つけることができる。　　　　　　　　　　　　　　　　　　（思考力，判断力，表現力等）
・友人の作品のよさや美しさを見つけ，積極的に話し合う活動に取り組んでいる。
　　　　　　　　　　　　　　　　　　　　　　　　　　（学びに向かう力，人間性等）

2 準備物等

教師：展示用パネル6枚（6班編成の場合。パネルがない場合はイーゼルを使用する），ICT機器（実物投映機，プロジェクター，スクリーン。本実践では，TVモニターを使用），ワークシート①（自己PRキャプション（資料1）），②（魅力発見シート（資料2）），展示用ひっつき虫，付箋，フラッシュカード（板書用）

生徒：完成させたポスター，スケッチブック，のり，筆記用具

資料1　　　　　　資料2

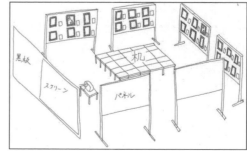

資料3

3 評価シート　互いに個性を尊重し合い，認め合う授業

評価項目	評価場面	評価規準	評価
知識・技能	⑧⑪	造形的な視点を働かせて鑑賞作品をカテゴリー別に整理し，作品の魅力を自分なりの言葉で表すことができる。	
思考・判断・表現	⑥	班で話した魅力や，鑑賞の着目点を参考にして，他者の作品の魅力に気付くことができる。	
	⑨	班の発表や，鑑賞の着目点を参考にして，他者の作品の魅力に気付くことができる。	
主体的に学習に取り組む態度	⑤	友人の作品のよさや美しさを見付け，積極的に話し合う活動に取り組もうとしている。	

✎ 授業づくりのアドバイス

　この授業は，制作するという自己表現に対して自信のもてない生徒たちに，勇気を与える授業であると考えています。また，次の題材へのつながりがいっそう強くなる，題材と題材をつなぐ授業とも考えています。

　中学生という多感な時期に，制作する際，「これでいいかな？」「これで大丈夫かな？」と人目を気にして，制作が進まない生徒が多くいます。周りの目を気にする気持ちは分からなくもないですが，とりわけ美術に対する苦手意識の表れであると感じています。しかし，美術こそ自己表現を楽しむことができる生徒を育てるという役割を担っているはずです。そこで，鑑賞活動で互いの個性を尊重し合い，認め合うことで，自己肯定感を高め，自信をもって制作に取り組む生徒を育てることができるのではないかと仮説を立て実践しました。

　この授業では「個性を尊重し認め合う」という特性上，指導の面で気を付けることがあります。特に強調したいことを以下5点にまとめました。
・魅力と思う点を紹介したときに，次々と発表できる雰囲気をつくり出すこと。
・具体的な発表へとつながるように質問を重ね，板書し全体で共有すること。
・付箋に不適切な記入がないようにすること。
・教師が気付かないような着目点が生徒から生まれることもあるので，生徒の考えを尊重すること。
・話し合いが活発化するように，鑑賞の着目点を教師が準備しておくこと。
付箋をもらった生徒はとてもうれしそうな表情で印象的でした。鑑賞活動を積み重ねることで魅力発見シートは生徒たちの自信になると思います。個性を尊重し合い，認め合うことで，自分らしさを大切にしつつ，今後の制作意欲の向上へとつながり，学びに向かう力が高まると思いますので，ぜひ実践してみてください。

4 指導過程

①鑑賞する意義や目的，目標を確認しよう
（鑑賞の意義や目的）

・鑑賞ってなんだろう？
・鑑賞は楽しい
・個性を尊重し，認め合うこと

②作品を完成させパネルを設置し，自分の作品の魅力を考えて，自己PRキャプションを作成しよう（鑑賞準備）

・作品の題名　・こだわった点
・苦労した点悩んだ点　・作品の自己PR

③作品と自己PRキャプションを班のパネルに展示しよう（展示）

・作品や自己PRキャプションをどのように展示しようかな
・お互いの作品の色合いも見ながら

④本時の目標を再確認し，付箋を配付する
（目標再確認）

・班で話した様々な魅力や鑑賞の着目点を参考にして，他者の作品の魅力を記入することができる

⑤班内の話し合い活動（鑑賞）

・標語にインパクトがあるね
・着色の工夫があって見やすいね
・この部分がものすごく細かくかけている

⑥班内の付箋添付活動（鑑賞）

・積極的に魅力を探すぞ！

⑦班で出た意見を発表し，ICT機器で魅力を紹介しよう（鑑賞）

・他者の作品の魅力が伝わる具体的な発表だったね

→ 指導ポイント①

・教師の鑑賞に対する考えを伝える
・互いに個性を尊重し合い，認め合うこと
・魅力発見シートをスケッチブックに貼るよう伝え，使い方も説明する

→ 指導ポイント②

・自己PRキャプションを具体的に記入できる手立てとして，鑑賞の着目点を紹介する
[鑑賞の着目点]
・枠一杯の表現・形の正確性
・目をひく構図や構成力・標語のインパクト
・着色や配色の工夫・総合的な美しさなど

→ 指導ポイント③

・お互いの作品を見て，尊重し合い，班で自己PRキャプションと作品をどのように展示するか相談する

→ 指導ポイント④

・目標を再確認できたら，手順を紹介する
ア．付箋に他者の魅力を具体的に記入しよう
イ．班で話し合いながら，互いの作品の魅力を語り合おう
ウ．班員に必ず付箋を貼ろう
エ．自己PRキャプションも参考にしよう

→ 指導ポイント⑤⑥⑦

・そう思う理由を具体的に伝えるようにする
・技術的な部分だけを取り上げて話し合うことは避けるように伝える

班での意見交換　　　発表風景

⑧魅力発見シートに自分の作品に添付された付箋を貼り，カテゴリー別に分けて整理しよう（整理）

⑨班以外の付箋添付活動（鑑賞）

・たくさんの魅力があるね

・個性があって，おもしろい

・鑑賞って楽しい活動だね

⑩自分の意見を発表し，ICT機器で他者の魅力を発表しよう（鑑賞）

・交通安全には気を付けないと

・豊かな自然を大切にしなければいけない

・いじめは絶対に許されないね

・動物への愛情が伝わってくるね

⑪魅力発見シートに自分の作品に添付された付箋を貼り，カテゴリーに分けて整理し，発表しよう（整理）

・僕の作品はこのような魅力で記入してくれました

・自分の作品の魅力を具体的に記入してくれてうれしい

・今まで気付かなかった自分らしさを感じ取れて，次の授業でもがんばりたい

・技術面でたくさんみんなからすてきなコメントをもらいました

・とても自信につながりました

⑫みんなからもらった付箋を受け，鑑賞活動の魅力を記入する　　　　　（まとめ）

・人それぞれに個性があるから，鑑賞は楽しいし，自分の発想面をほめてくれたから自分の個性も大切にしたいです

・次回の題材でも，自分自身の表現を楽しんで制作したいです

・クラスメイトの個性を知るきっかけになったからとても有意義でした

・発表で出た魅力を板書し，メモを書くなどして全体で共有する

➡ 指導ポイント⑨⑩

・意欲的に鑑賞活動に取り組み，クラスメイトと魅力を語り合う生徒を称賛する

鑑賞活動　　　　　　発表風景

・魅力の記入に困っている生徒には，黒板の鑑賞の着目点を紹介し支援する

・なぜ魅力を感じるのかに迫り，考えて発表させ，意見を求めるなどして深まるように心がける

➡ 指導ポイント⑪

・どのような魅力が記入されていて，どのカテゴリーに分けたのか，また自分はどう感じたのかを発表できるようにする

魅力発見シートに貼る様子

➡ 指導ポイント⑫

・評価資料としてスケッチブックは回収し後日返却するように伝える

・作品の裏に自己PRキャプションをのりで貼るように伝える

・ポートフォリオに作品とスケッチブックを入れるなどして，過去の作品から振り返りができるようにするとよい　　　（森　充正）

31 情報を正しく伝えよう ～ピクトグラムのデザイン～

📖 題材の紹介

大規模な災害による停電が発生したことを仮定して，実際に学校を避難所として運営した場合に，文字の読めない人にも伝わるピクトグラムをデザインする題材。

🕐 時間：6時間完了

1 目 標

・伝えたい情報について，自分のイメージに合った表し方を工夫することができる。

（知識及び技能）

・情報を伝えるために必要な形の単純化や目的にあった色彩を考え，伝わりやすいピクトグラムのデザインを考えることができる。 **（思考力，判断力，表現力等）**

・身の回りにあるピクトグラムのデザインの工夫や機能について考えようとする。

（学びに向かう力，人間性等）

2 準備物等

教師：アートナイフ，カッター板，雲形定規，円形カッター，制作ラスター（マス目方眼紙），ワークシート，霧吹き，カッティングシート（B4サイズ，赤，黄，青，緑），透明なシート（カッティングシート貼り付け用）

生徒：定規，コンパス，はさみ

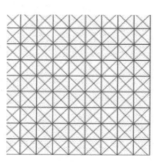

制作ラスター

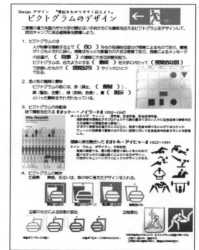

ワークシート

3 評価シート　情報を正しく伝えよう

評価項目	評価場面	評価規準	評価
知識・技能	①③④	伝えたい情報について，自分のイメージに合った表し方を工夫することができる。	
思考・判断・表現	⑤～⑦	情報を伝えるために必要な形の単純化や目的にあった色彩を考え，伝わりやすいピクトグラムのデザインを考えることができる。	
主体的に学習に取り組む態度	⑬	身の回りにあるピクトグラムのデザインの工夫や機能について考えようとしている。	

✎ 授業づくりのアドバイス

　この題材では，生徒の考えたピクトグラムが実際の防災キャンプで使用されるということで制作への意欲が高まります。また，絵画的表現が苦手な生徒にとって，形を単純化することができることや，色彩に関しても規制，指示，注意という目的に対する色を選択することで進めることができます。さらに，制作ラスターは作図する際に，平行や水平を意識することや，サイズ感を確かめたり，全体のバランス等を知ったりする上で有効に働きます。カッティングシートも霧吹きを使うことで，位置の修正を何度もすることができます。

　指導する上で重要なことは，以下の3点です。

・どこに掲示するのか，だれに向けてデザインをするのか，それを見た人にどんな行動をとってもらいたいのかを明確にすること。

・避難時だけではなく，日常にあるピクトグラムによって，障がいのある方や情報の伝達の大切さに気付かせたい。

・太さや大きさの統一，形の単純化することで視覚的な認識が高まると同時に，アイデアスケッチ，形を整える際にミリ単位までこだわって制作させる。

　実際に展示すると，生徒たちから『つくってよかった』，『だれかのために作品を作る経験ができてうれしい』といった声が聞こえてきました。ぜひ，実践してみてください。

4 指導過程

①校舎内のピクトグラムを見つけよう（導入）

・トイレの入り口の男女のマークはピクトグラム

・非常口のマークもそうだよ

②非常口のピクトグラムをかこう（表現）

・手と足の長さは同じのほうがいいのかな

・体の傾きでイメージが変わるよ

③形や色の種類と意味を知ろう（知識）

・黄色には，警告や注意，緑には，救助や救急っていう意味があるんだね

・ピクトグラムには，視覚的な伝達という目的があるんだ

・赤は，禁止や規制っていう意味がある

④絵や情報で伝える作品を鑑賞しよう（鑑賞）

・オットー・ノイラートの作品は，国ごとの違いが形から分かるよ

⑤防災キャンプではどこにピクトグラムがあったらよいかを考えよう（発想）

・トイレは使えないことは伝えるべきだよ

・食事の時間を教えたいよね

・赤ちゃんのおむつの場所が分かると助かるよね

⑥どんなピクトグラムにすればよいのか考えよう（構想）

・食糧保管庫は立ち入り禁止にしたいから，赤だな

・ペットは持ち込み禁止だから，赤だ

・斜線を入れると規制していることが伝わるね

➡ 指導ポイント③

・道路標識などを提示することで，形や色の効果について理解を深める

➡ 指導ポイント④

・公園などの案内板や資料の提示として用いられるピクトグラムのおもしろさについて興味をもつ

➡ 指導ポイント⑥

・学校の敷地図を班に提示することで，どこにどんなピクトグラムが必要なのか発想を広げるために，校舎の敷地図を班ごとに配付する

・実際に校舎内を回って，防災キャンプ時に想定される避難者の動線から考えるのもよい

⑦アイデアスケッチをしよう（表現）

・調理をする場所ってどんな形にすればよい
　かな
・避難者名簿の記入をお願いするには，机と
　鉛筆を表したいな

⑧形をまとめよう（構成）

・角度を統一することで見やすさが変わるね
・カーブの処理を同じにすると，まとまりの
　あるピクトグラムになるね
・△の枠は，線の太さを調整しないと角度が
　おかしくなるぞ

⑨定規を使って，形をまとめよう（構成）

・手と体の間に隙間をつくらないとつながっ
　てしまうよ
・雲形定規を使わないと同じ曲線にならない
　よ

⑩カッティングシートに転写しよう
⑪カッティングシートを切ろう
⑫透明なシートに切り取ったカッティングシ
　ートを貼ろう

➡ 指導ポイント⑧⑨

・枠の太さ，腕の太さなどの太さや大きさを
　統一することでまとまりのあるデザインに
　なることを抑える
・角の処理はコンパスや円型定規を用いるな
　どして，同じ形，同じカーブになるように
　指導する

➡ 指導ポイント⑩⑪⑫

・透明なシートの下に，制作ラスターを敷い
　て切り取ったカッティングシートを貼って
　いく
・そのため，制作ラスターは完成品として形
　をしっかりまとめてかいておく
・霧吹きで湿らせながら，カッティングシー
　トを正しい位置に貼る

（岩谷　智明）

⑬防災キャンプに向けて，展示しよう
（鑑賞）

・分かりやすいねって言ってもらったよ
・色が分かれていて，意味が伝わるね
・保健室がどこにあるの
　か，ピクトグラムを見
　て分かったよ

展示の様子

32 日本を見よう！　〜琳派の鑑賞〜

📖 題材の紹介

日本絵画（俵屋宗達；風神雷神図屏風）と西洋絵画（ミケランジェロ；最後の審判）との比較により違いを知ることや，俵屋宗達から尾形光琳の作品を鑑賞し，時を超えてつながる琳派を知ることで，日本絵画の特徴について考えることができる題材。

🕐 時間：3時間完了

1 目標

・日本絵画に使われる色や，人体表現の特徴，独特の様式で表現される絵画表現を西洋絵画との違いに気付き，理解を深めることができる。　　　　　　　　　　**（知識及び技能）**

・日本と西洋の絵画の互いのよさや美しさ，表現の意図と創造的な工夫を知り，それぞれの文化がどのような風土で育ったのかを考え，見方や感じ方を深めることができる。

（思考力，判断力，表現力等）

・日本と西洋の美術作品の鑑賞を通して，互いの文化の違いと共通性を理解し，それらを価値あるものとして認め，自らの言葉で説明できるようになる。　　**（学びに向かう力，人間性等）**

2 準備物等

教師：俵屋宗達『風神雷神図屏風』（全体鑑賞用掛図・グループ討議用作品写真），

ミケランジェロ『最後の審判』（全体鑑賞用掛図・グループ討議用作品写真。最後の審判については，作品全体を示すものと，中央のキリストの描写が分かりやすくなっているものがあると生徒が比較しやすくなる），

尾形光琳『紅白梅図屏風』（全体鑑賞用掛図・グループ討議用作品写真），ホワイトボード（グループ討議のときに，直接意見を作品に書き込めるもの），付箋，ペン，ワークシート

まなボード

紅白梅図屏風を実物大で再現

3 評価シート　日本を見よう！

評価項目	評価場面	評価規準	評価
知識・技能	②	比較から見つけた日本絵画の特徴を理解することができる。	
思考・判断・表現	④	作品の類似点から琳派について理解を深めることができる。	
	③	日本絵画の特徴から得られる効果を考えることができる。	
	⑥	作品鑑賞から得られた考えをもとに作者の思いを考えることができる。	
主体的に学習に取り組む態度	①⑤	作品の比較を積極的に行い，自分の意見をもち，協働して作品のよさを明確にしようとしている。	

✐ 授業づくりのアドバイス

　この題材は日本美術を鑑賞する入り口として取り扱ってきました。そして，当然のことながら，今回の題材である琳派の作品を見たら日本美術のすべてが分かるということはありません。日本の長い歴史の間には，連綿と受け継がれ，諸外国からの文化とも融合させながら培われてきたからこそある文化があります。学習指導要領解説にも「扇や短冊，屏風に描いた絵，絵巻物など様々な大きさや形の紙などに描かれた絵がある。また，余白の生かし方，上下遠近，吹抜屋台などいろいろな表現方法がある」とあります。一部を知ってすべてを知ったということがないようにするために，あくまでも入り方の１つと捉え，多様な方法でこれからを生きる生徒のために幅広く美術文化を取り扱い，生徒の視野を広げ，また，表現の幅をもたせてもらいたいと願います。

　また，この題材で西洋絵画と比較を行うためには，それまでにルネサンス期の作品を鑑賞しておく必要があります。西洋絵画も同様に歴史の積み重ねから生まれた文化があります。中学３年間で行える授業時間は当然限りがあり，その中で表現活動の時間をできれば多く取りたいものです。限られた時間の中で，どの題材をどのタイミングで扱っていくのか見通しをもたねばなりません。時間を有効に使い，文化の継承を行っていきましょう。

　美術科は教科の特性として，正解がありません。多様な選択肢から自分なりの答えを求め，それを表現に変えて他者とコミュニケーションを図ることができる教科です。この正解の幅の広さこそが強みなのではないかと考えます。強みを生かし，この教科で育てる資質・能力をともに伸ばしていきましょう。

4 指導過程

①日本と西洋の違いを見つけよう！

（鑑賞：比較して見つける１）

☆絵画の表現

・西洋は写実の表現だけど日本のは違うね

・色数が日本の作品は少ないね

・色が少ないから影の表現がないな

・西洋の絵画は輪郭線がないけど，日本の作品は輪郭線で囲まれているね

☆人体の表現について

・西洋は人体をそのままかいてるよ

・筋肉が西洋は忠実にかかれているけど，日本のは曲がった線や，波打った膨らみで表現されているね

・ありえない手足の動きになっているね

・西洋は神を人の形に，日本は人ではない（鬼）で表現しているね

・怖いけど，表情がユーモラスだね

・日本は自然（風と雷）を神としているよ

☆画面構成について

・西洋は画面にたくさんの人物をかいているけど，日本は２体しかかいていない

・西洋は画面を埋め尽くすようにかいているけど，日本は余白があるね

①意見の付箋をボードに貼り，視点を共有する

②付箋を動かして意見をつなげて，考えをまとめる

➡ 指導ポイント①

・この作品を選んだのは，同時期（江戸初期とルネサンス期），同じモチーフ（それぞれの国で崇められる神）が肉体を描いている点を比較することで表現や文化の違いが見えてくると考えたため

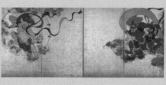

２体のみかき，中心に余白を残す大胆な構図

写実的な人体表現に対し，体躯をひねり，筋肉を膨らませる線で力強さを表現する。陰影の表現に対して，輪郭線による表現

・作品を見る視点を絵画の表現，人体の表現，画面構成の３つに分け，それぞれの表現の特徴に注目させる

・個人で見つけた意見を，付箋に書かせてグループ討議用のボードにある作品のどこから見つけたのかが分かるように見つけた場所の近くに貼らせる

・付箋色を表現方法によって変えると後で分類しやすくなる

・意見が出たところで，グループで付箋をボードの上で整理させ，意見をまとめさせる

②なんでこんな表現をするのだろう？

（表現の根拠を考える）

・色が少ないから陰影表現ができないね

・線でかくことで単純な形で表現できるね

・ポーズをまねすると分かるけどかなり体に力が入るよ。力強さを表しているのかな

・真ん中に余白があるから，そこに向かって風神雷神が動いているようだね

③日本絵画のよさを考える

（特徴を根拠とした振り返り）

・色数は少なくても輪郭線を巧みに使って表現していることが分かったよ

・何もかかない余白を使い，大胆な構図で表現しているね

④宗達と光琳の時代を超えたつながりを考えよう（琳派の鑑賞：比較して見つける２）

・屏風の形が同じ（二曲一双）だね

・主題の配置が同じだね

・梅の枝と風神雷神の動きが似ているよ

⑤光琳が最後の作品に込めた思いを探ろう

（紅白の梅を鑑賞：比較して見つける３）

・花の色が紅白で違うね

・幹の太さが白梅が太く，紅梅は細いよ

・枝が白梅は下，紅梅は上に伸びているね

・名前が違うな。（法橋光琳・青々光琳）

・両方とも画面の外に飛び出しているね

・真ん中の川は何を表しているのかな

⑥光琳が最後の作品に込めた思いを探ろう

（作品の思いを知る鑑賞）

・光琳は宗達を尊敬し，追いつきたかったのではないかな

・光琳は，紅白の梅に自分の人生を振り返る作品を残したかったのかな

➡ 指導ポイント②

・違いはたくさん見つけるが，根拠の視点を事前に絞っておくとよい。（輪郭線・色・陰影・筋肉・ポーズ・余白など）

・絵を再現させるようにポーズなどをまねさせると気が付くことがある

・考えがまとまらない生徒には，それまでに鑑賞した絵画と明らかに違うと思える特徴に注目させ，それによる効果を考えさせる

➡ 指導ポイント③

・見て感じるよさと，そのかき方による効果から得られるよさを考えさせる

・これまでの鑑賞から得た言葉や根拠をもとに，よさを考えさせる

➡ 指導ポイント④

・今度の比較は違いではなく，似ているところに視点を置いて鑑賞させる

・光琳が宗達の風神雷神図屏風の模写をしていることを紹介してもよい

似ている２つの作品を比較させる

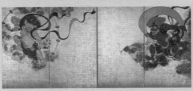

➡ 指導ポイント⑤

・比較だけでなく，川の文様など絵の意匠にも視点を置かせる

➡ 指導ポイント⑥

・これまでの鑑賞から見つけた根拠をつなぎ，光琳が作品に込めた思いを探らせる

（宮川 和己）

おわりに

1 授業者として教材研究への努力を

　授業づくりを考えたとき，やはりどの教科でも教材研究が大切です。教材研究は，大きく分けると3つの段階に分かれるのではないかと考えています。それは，「素材研究」，「教材研究」，そして「指導方法の研究」です。例えば，国語科授業で物語文を扱うとき，その物語（素材）に表現された言葉の意味を丁寧に読み解いていくでしょう。まだここには子どもの読み取りはありません。これが最初に始める「素材研究」です。そして次に「教材研究」です。教師がその内容を目の前の子どもたちにどのように伝えるか。さらには，その内容を子どもたちはどのように読み取っていくだろうかと研究します。このときやっと素材が教材へと変化していくと思います。そして最後の「指導方法の研究」は，授業の組み立てや具体的な支援方法を想定した指導方法の研究です。

　私たち美術教師にとって，授業の成功のためには，最初の「素材研究」が一番大切だと考えています。教師が素材研究を行うことによって，子どもの学びの予測ができると思うからです。

　今回取り上げられている実践は，授業者が実践前に教師自ら教材研究，特に素材研究をされものばかりです。だからこそ，完成され作品や授業に取り組む子どもの姿に説得力がありました。

2 授業者こそ一番素材に触れたい

　私が以前教えていただいた先輩美術教師の話です。作品づくりの素材として粘土を使った授業を構想されました。まずその先生は，数種類の粘土を用意されました。すべての粘土で，大きく丸めたり，小さな粒状にしたり，紐にしたり，紐を組み合わせてねじったりしていました。また，棒を使って伸ばし，様々な厚さのたたらをつくったりもしていました。ときには粘土を伸ばし強度を確かめたり，粘土の乾燥の早さを確かめたりもしていました。無数の試作は美術準備室いっぱいになっていました。

　こうした活動によって，先輩教師は，素材を使って表現できる可能性や逆に制作を行う子どもたちの素材に対するつまずきを発見しているのでした。

　今，多くの魅力ある素材やセット教材があります。もちろんセット教材を否定するつもりはありませんが，やはり授業で扱う素材について，教師自身が魅力を感じ，その素材のよさを知り尽くしたスペシャリストであってほしいと思います。

3 生き方を豊かにする美術教育を目指して

　本書は，単に作品づくりや授業づくりのハウツー本ではありません。美術を学ぶことで子どもたちの美に対する世界を広げたい。美術を学ぶことで子どもたちの生き方をより豊かにしたいと願う教師の思いの詰まった出版本です。

編者

執筆者一覧

竹井	史	同志社女子大学
中村	僚志	刈谷市立刈谷南中学校
三浦	英生	刈谷市立依佐美中学校
安藤	眞樹	岡崎市立美川中学校
白井	圭	刈谷市立刈谷特別支援学校
田中	亜希子	豊橋市立石巻中学校
川口	小夜子	豊橋市立南稜中学校
田中	政雄	豊橋市立石巻小学校
黒岩	秀剛	稲沢市立大里中学校
石村	智子	稲沢市立下津小学校
森田	雄也	豊川市立南部中学校
小手川	幸子	東海市立加木屋中学校
肝付	道明	豊田市立上郷中学校
中根	勅子	岡崎市立矢作北中学校
堀口	宏章	岡崎市立竜海中学校
村田	唯菜	豊橋市立前芝中学校
松橋	克	豊橋市立八町小学校
後藤	悠介	豊橋市立北部中学校
近藤	亘	豊橋市立南部中学校
村田	俊広	武豊町立武豊中学校
藤井	邦浄	一宮市立西成中学校
白井	奈保	刈谷市立富士松中学校
加藤	光太郎	刈谷市立朝日中学校
川島	賢士	一宮市立葉栗中学校
澤田	朋由紀	刈谷市立朝日中学校
森	圭介	稲沢市立治郎丸中学校
中澤	大成	一宮市立中部中学校
柴田	悠幾	豊田市立井郷中学校
高村	渉	長久手市立北小学校
森	充正	春日井市立味美中学校
岩谷	智明	豊田市立大林小学校
宮川	和己	豊田市立敷島小学校

【監修者紹介】

竹井　史（たけい　ひとし）
同志社女子大学現代社会学部現代こども学科教授。筑波大学人間総合科学研究科後期博士課程満期退学。愛知教育大学創造科学系教授，同附属名古屋小学校長などを経て現職。専門は，美術教育学。文部科学省「図画工作科で扱う材料や用具」作成協力者。図画工作科教科書(日本文教出版)企画及び著者など。

中村　僚志（なかむら　りょうじ）
愛知教育大学大学院を修了後，昭和61年4月より刈谷市立小中学校に勤務。平成17年から5年間，愛知教育大学附属岡崎小学校に勤務。刈谷市教育研究会造形部部長，三河教育研究会副部長，愛知県造形教育研究会会長などを勤め，現在は刈谷市立刈谷南中学校に勤務。

【編著者紹介】

三浦　英生（みうら　ひでお）
愛知教育大学修了後，平成18年4月より刈谷市立中学校に勤務。全国造形教育連盟・日本教育美術連盟合同研究大会や愛知県造形教育研究協議会等で実践を発表する。『美術のレシピ－全国の中学校美術実践事例集－』（日本文教出版）に寄稿する。現在は刈谷市教科指導委員，刈谷市立依佐美中学校に勤務。

安藤　眞樹（あんどう　まさき）
愛知教育大学を卒業，平成4年4月より，岡崎市立南中学校に勤務。その後，ミュンヘン日本人国際学校，岡崎市立福岡中学校に勤務し，平成19年から7年間，愛知教育大学附属岡崎小学校に勤務。岡崎市立甲山中学校，岡崎市立下山小学校での勤務を経て，令和元年から2年間，岡崎市教育委員会に勤務し，現在は岡崎市立美川中学校に勤務。

指導から評価まですべてが分かる！
新学習指導要領対応
中学校美術テッパン題材モデル　第2・3学年

2021年7月初版第1刷刊 ©監　修　竹井　史・中村　僚志
　　　　　　　　　　　　編著者　三浦　英生・安藤　眞樹
　　　　　　　　　　　　著　者　愛知県造形教育研究会
　　　　　　　　　　　　発行者　藤　原　光　政
　　　　　　　　　　　　発行所　明治図書出版株式会社
　　　　　　　　　　　　http://www.meijitosho.co.jp
　　　　　　　　　　　　(企画)木村　悠 (校正)川上　萌
　　　　　　　　　　　　〒114-0023　東京都北区滝野川7-46-1
　　　　　　　　　　　　振替00160-5-151318　電話03(5907)6703
　　　　　　　　　　　　ご注文窓口　電話03(5907)6668

＊検印省略　　　　　　　組版所　株式会社木元省美堂

Printed in Japan　　　　　ISBN978-4-18-356214-2
もれなくクーポンがもらえる！読者アンケートはこちらから→